光明大道

胡景铎的传奇人生

王小强　王菲　著

人民出版社

序 一

黄 丹

　　人物传记向来是文学书写中的硬骨头，如若传主涉及革命斗争年代的人物及事件记叙，则更是难上加难。个中难点不止在于书写所覆盖的时间跨度宽广，而是须在浩荡庞杂的线索端头之中提挈淬炼出一条独属于传主的心灵轨迹——我称之为"传魂"的所在，它绝非仅是传主在编年体序列中何时何地做何行为的拘谨载录，而是对其何以在人生轨迹的数个转捩时刻作出某种一以贯之的关键抉择的内在驱力作出探究及爬梳，能否从文字的堆积中提炼出这股"魂"，既是区别于泛滥市面的庸常人物传记的判别基准，对于写作者的书写功力也是极大的考验。除此之外，面对当下时代的受众诉求，对于革命斗争年代真实历史人物事迹的叙写，如何做到不落入说教及空洞的沉疴语调之中、如何弥合勾连起英雄人物与寻常读者之间的"心灵鸿沟"，换言之，能让英雄人物的人格呈现之于当下的读者显得可亲可近、而非缥缈遥远的神格化标本，乃是一件颇

为艰巨的写作课题。

在此意义上而言，《光明大道》所体现出的文本质地，不仅勇于直面以上所提及的难点，并且通过扎实细密的文字构建完成了一部在现今革命历史题材传记书写中颇为独特且重要的作品。当我一气捧读完整本书稿，掩卷良久，其中对于胡景铎壮阔人生以及与"爱人同志"张颖玲真挚动人的情感勾勒，令我心绪激越。深觉不易在于，作为一部时间跨度覆盖近一个世纪的叙述，打动我的不单是作者沉稳厚重的文笔，还有随着文字铺展而渐趋浑厚的情感推力，也就是其中所透出的那股"魂"，它既由胡景铎所投身的桩桩件件的历史事件所锚定，也由其与张颖玲的伉俪情深所织缝链结，将一部个人的革命史与革命爱侣的情感史交织构筑，带来了一种独特的、难以替代的阅读经验。

胡景铎作为一名抗日英雄和共产党员，他的选择和行动表明了他对于国家和人民的忠诚。他不仅在抗日战争中英勇奋斗，而且在和平时期也始终坚持为人民服务，为国家和民族的繁荣富强而努力工作。在汹涌更迭的历史浪涛中，他的坚定信念和无私奉献精神令人深感动容。张颖玲作为胡景铎的妻子，她的一生也贯穿着对于夫妻俩所共同笃信的革命事业的信仰和奉献。她跟随胡景铎在部队上生活，经历了无数的艰难险阻，但她始终坚定地支持着丈夫的事业。在新中国成立后，她随胡景铎转业到陕西交通系

统，虽然工作岗位平凡，但她始终以高度的责任感和敬业精神为人民服务。她的无私奉献和坚守信仰的精神既与丈夫的功业轨迹交织汇融，更成为了新中国女性伟大精神的有力注脚。

在历史的长河中，有些人的名字，尽管被时间的波涛冲刷得日渐模糊，但他们的事迹和精神却依然闪烁着不灭的光辉。胡景铎和张颖玲，这两位在革命烽火中并肩作战的英勇人物，正是这样一种光辉的代表。他们是家乡的骄傲，也是全国革命英模中的一员。他们的事迹，是家乡乃至全国人民心中永恒的记忆。他们的一生，是对忠诚、勇敢、坚定和无私奉献的最好诠释。这本传记是对他们一生事迹的追记。它不仅是对他们深深的敬仰和怀念，更是对那个时代的回望，对那个时代无数英勇无畏、为了民族独立和人民幸福而奋斗的先烈的缅怀。

他们的故事，不仅仅是关于革命、爱情的礼赞，不仅仅是一个时代的记忆，更是一种精神的传承，以及关于信仰、奉献和坚守的当代寓言。他们用实际行动诠释了"跟着党走"的信念，为人民的事业奉献了自己的一生。在历史的洪流中，个人的选择和行动可以汇聚成一股强大的力量，推动国家和民族的进步。他们的坚定信念和无私奉献精神，在这个充满变化和挑战的时代，是一种激励和启示，让我们每一个时常陷于迷茫彷徨的当代人能够更加坚定地走自己的道路，为自己的理想和信仰而奋斗。正是一

个个拥有信念、勇于践行理想的个体所汇聚而成的时代脉流，才托起了当今中国的衍进动能，凝结成"中国精神"不断传续。这才是胡景铎的故事值得被书写、被铭记的意义所在。

作者系北京电影学院文学系主任

序 二

王彦军

革命先辈的故事和文字总是令人无限感佩,《光明大道》也是这样。这本纪实文学作品篇幅不长,十二万多字,但呈现了一个多世纪以来的历史和生发消长其间的一段往事,读来确乎感触颇深,遐思不已。

出身于一个革命家庭、也是一个曾经的地主家庭的胡景铎,从少年时代起即铭记"革命先辈"、长兄胡景翼的革命属望——"继志有人,则树的必赴,终有贯彻之一日也"——冲破家庭的重重羁绊,矢志追求革命,后遵照杨明轩等革命者的教诲,借着长兄胡景翼的关系,进入军队掌握武装,驰骋抗日前线,留在党外为党做工作;到抗战胜利后,国民党军队大举进犯延安前夕,"在敌强我弱、敌攻我守、敌人气焰十分嚣张的时候","在一些同志和朋友对中国革命前途感到忧虑的时候"(习仲勋语),在同窗好友、时任中共中央西北局书记习仲勋的领导下,毅然率部发动横山起义,带领五千将士回到人民的怀抱,被

毛主席赞誉为"给西北的旧军队指出了一条光明大道"。

《光明大道》这本书聚焦的就是胡景铎带领将士们追求进步、投身革命、发动起义、回归人民、走上光明大道的一个个体、一个群体的跋涉足迹，展现的是近现代以来从旧民主主义革命到新民主主义革命一脉相承的中国革命道路选择的历史必然性。应该说，做到了大处着眼，小处着笔，把不明白的历史讲明白了。新中国成立后，胡景铎到地方工作，扎根交通战线二十多年如一日，工作积极负责，经常深入基层，乐于和群众在一起，赢得了组织和群众的肯定与赞誉，是"几十年如一日地为党努力工作的好党员、好干部"（中共陕西省委审干领导小组陕审干发〔1980〕011号文件《关于为胡景铎平反的决定》语）。胡景铎说过两句话，一句话是"我是党代劳动人民收下的干儿子"，一句话是"党叫干啥就干啥，不讲价钱"，这两句话正是对毛主席讲的"光明大道"真谛的深刻领悟和践行，也应该是《光明大道》这本书的文本价值所在。

《光明大道》记述的是一段真实的历史往事，没有矫揉造作，没有猎奇解密，而是沿着先辈"清晰而深刻"的记忆娓娓道来，如潺潺流水，似涓涓山泉，看得出两位作者在表达上的用心和讲究。比如，"到了第二天，太阳不知道跑到哪里去了，天地间凄凄惨惨戚戚，看不见蓝色的天空，找不出一朵像样的云彩，也听不见一只小鸟

的鸣叫，就连一丝丝的风都没有"。这里将主人公内心的爱情煎熬外化成了所身处的天地间的煎熬，寻找、渴盼、怪怨的是"不知道跑到哪里去了"的"太阳"，是"看不见"的"蓝色的天空"，是"找不出"的"一朵像样的云彩"，是"听不见"的"一只小鸟的鸣叫"，是"都没有"的"一丝丝的风"，字里行间既有失望，更有希望，写出了悲戚，也写出了抗争。

又比如，"到了延安，胡景铎心里时刻都是热乎乎的、暖洋洋的。毛主席和中央首长都关怀备至，都没有把他当外人，都非常亲切温暖，他的部队的驻地距离党中央比其他兄弟部队还要近一些。毛主席接见了骑六师的主要干部。毛主席还单独找他谈话，给他讲述革命道理。毛主席要他们和兄弟部队互相学习，还要兄弟部队向他们学习，还批评他打骂战士，还命令他今后不准打骂战士。因为，他和战士们都是党和毛主席的兵。胡景铎大步直行，目光坚定地走在毛主席指出的光明大道上"。这一段通过流畅的排比句式的层层递进，并一言以蔽之地归结出缘由就在于"他和战士们都是党和毛主席的兵"，进而勾画出"大步直行，目光坚定地走在毛主席指出的光明大道上"，对主人公的心理活动和精神状态的把握应该是准确的。

再比如，"电影开始了，是《英雄儿女》。张颖玲在幸福地看着电影，不时回过头看一眼就在自己身边的丈夫，胡景铎就在那里看着自己的妻子，在妻子回过头来的

时候又赶紧把目光投向银幕上的英雄儿女们"。这是全书中本就不多的关于爱情、婚姻和家庭的一段文字，寥寥数语，没有着意的描写刻画，却做到了文字和文字所承载的唯美情感的统一。

习近平总书记在文艺工作座谈会上指出："好的文艺作品就应该像蓝天上的阳光、春季里的清风一样，能够启迪思想、温润心灵、陶冶人生，能够扫除颓废萎靡之风。"客观地说，《光明大道》这本革命历史题材的传记小说，其阅读的体验有着一定的美感，是一本值得一读的书。《光明大道》的努力方向是正确的，是朝着"像蓝天上的阳光、春季里的清风一样"在跋涉、在耕耘。两位作者是基层的普通党员干部，坚持走访征集和整理书写家乡革命先辈的史料和文字，这种工作态度值得肯定，希望有更多的作品迎接读者的检验。我乐意以第一读者的身份，向大家推荐这本书。

作者系中共陕西省委党校党建研究院院长

目　录

一、初 见

八十九岁高龄的胡老太张颖玲记忆清晰而深刻：那个时候学校组织到药王山拉练，日本人都打到了黄河东边。

初夏时节，草木葱茏，山花烂漫。几队初中生正在山道上跑步拉练，黑衣黑裤的男生在前面，蓝色上衣、黑色裙子的女生在后面。一阵阵口号声清脆响亮：

"一、二、三、四！驱逐日寇，还我山河！"

"一、二、三、四！驱逐日寇，还我山河！"

阳光明丽，一张张稚气未脱的脸庞上汗珠晶莹、目光热切。

二〇一五年八月的一天，西安城内药王洞街一个居民小区单元楼的二楼东户，胡老太张颖玲接受了两位作者的采访。一个狭小的客厅，靠东墙摆放着一张折叠圆桌，靠墙的一边原已折叠起来，两侧是两把钢管折叠椅子。一位作者坐在圆桌的北侧，右手边是厨房。一位作者坐在圆桌的南侧，左手边是过道和南边的两间卧室。胡老太张颖玲就站在房间中央，右手搭在圆桌上，微胖的脸庞上一双圆

圆的眼睛炯炯有神，一头齐肩的短发整齐地梳在耳后，乌黑中略带灰白，中等身材，穿着一件亚麻色的二十世纪九十年代流行的单纽扣西装和一条灰色裤子，看上去也就七十来岁，亲切祥和中自有一番威武。

胡老太张颖玲问："我娃吃饭啦么？"

作者回答："吃过了，奶奶。"

胡老太张颖玲一边迈步向厨房走去，一边说："我给咱泡茶。"

坐在圆桌北侧的作者连忙起身："让我来，让我来。"

胡老太张颖玲一边在走动中略微一侧身，迅捷无比地伸出左手按住刚站起身的作者右肩，一掌就推回到椅子上，椅子的靠背也随之急剧地朝后倒去，幸好被后面的墙壁挡住了，一边说道："我娃坐，快坐下！快坐下！我给咱泡茶。"

在圆桌南侧已经站起身的作者顿时睁大了眼睛，停下了迈出的脚步，在看着。

厨房里，胡老太张颖玲拿起案上的电热壶到水龙头前接水，接好水转过身又放回到底座上烧水。然后，从案上拿起一个白瓷茶壶和三个白瓷茶碗抱在怀里走出来。

夕阳已西下，山道上明暗交替，山坳处已渐昏黑。突然，一支队伍最后面个头最矮的女生飞也似的折向山坳里，消失了。

说来，药王山和药王洞都不大，不是大山也不是大

街，药王山是黄土高原和关中平原衔接地带东西绵延的无数山峦中的一个，是药王孙思邈钻研医学、治病救人的道场所在。药王洞是西安城里西北角的一段东西小街巷，是药王孙思邈弃官遗金、返回民间的见证地。所谓洞，就是洞天福地，也就是庙，至今药王洞里还存有一方油黑发亮的弃官石，官帽与黄金原就搁在上面。

药王山

　　客厅里，胡老太张颖玲打开圆桌上的一个茶叶桶，抓了一把茶叶后盖上茶叶桶，然后揭起茶壶盖把茶叶放入茶壶里，又盖好茶壶盖。

　　一弯新月，数点星光。若隐若现的山道上，那个山坳处消失了的女生在发足狂奔。

　　一片薄云滑过，夜幕随之暗下来。

　　一个山包上，一只狼逡巡不前，两只眼睛闪烁着萤火般的绿光，绿光来回游移着。

另一个山包上，狂奔的女生挥舞右臂，呼喊着响亮的口号——"一、二、三、四！驱逐日寇，还我山河！一、二、三、四！驱逐日寇，还我山河……"

这是一个典型的二十世纪八十年代紧凑的三居室，一进门的左手边——北边——从西向东依次是洗手间、厨房和一间卧室，右手边——南边——是两间卧室，客厅很小——准确地说应该是餐厅——就在正中，和厨房之间有一面隔扇，隔扇的下边是油漆已见脱落的木板，木板高约一米，隔扇的上边是一块一块的木框格子白玻璃，隔扇的中间开着一个门，门的上边是同样的几块白玻璃，南边靠近入户门的一间卧室里摆放着一张长茶几和一张长沙发，长沙发上坐着一位三四十岁的女同志，静静地翻看着一本十六开大小的书。

胡老太张颖玲两只手端着电热壶从厨房里走出来，走到圆桌前，搁下电热壶，揭起茶壶盖，抱起电热壶倒进开水，再把电热壶放在圆桌上，再盖好茶壶盖。然后，挪过靠在隔扇上的一把钢管折叠椅子，打开，坐到圆桌的西侧，两个胳膊搭在桌子上，两只手拢在一起，端端正正，神情专注。

胡老太张颖玲说："我就说我知道的。"

作者说："您想到啥就说啥。"

胡老太张颖玲说："那我就先说我，我是咱庄里镇纪家巷人。"

薄云散去，月色明亮了起来。少年张颖玲跑下山坡，又冲上一个山包。

不远处的山包上，那只狼忽然用爪子无力地打了一下地面，蹲在了那里，萤火般的绿光也被明亮的月色遮去许多，暗淡下来。

皎洁的月光里，张颖玲的眼睛又圆又亮，瞪视前方，穿透夜空，在闪耀，在飞驰，齐肩的短发冯虚御风，挥洒张扬着生命的倔强和不屈。

原来，作者的采访对象——胡老太张颖玲——也是庄里镇人，家里人老几辈都是读书人，曾祖父、祖父和父亲都科举不中，坐馆授课，虽非高门大户，但诗书传家。

人有悲欢离合，月有阴晴圆缺。张颖玲六岁的时候，母亲病逝，九岁——虚岁——进入家南边穿过两条巷子的富平县立公所巷女子小学读书，学制六年，十五岁毕业，毕业那一年，父亲又去世了。张颖玲有三个哥哥、一个姐姐，大哥清华大学毕业，刚回到家还没找下工作就病死了，唯一的一个姐姐出嫁到庄里镇的大户人家胡家，嫁给了五大人胡景通——也就是张颖玲的丈夫胡家六大人胡景铎的五哥——夫妻恩爱，但没几年也病死了，或许，这是父亲再也承受不住的两个接连而至的不幸吧。二哥还在上大学。三哥管家，在药王山北边的耀县西大街小学教书，剩下的这一个妹妹在立诚中学上初一，上了一学期多，因为交不起每学期的三斗小麦休学回家了。三哥把妹

妹接到耀县，转过年进入耀县中学又上初一。三哥已成家立业，三嫂操持家务，侄子刚上小学。妹妹过来上学，一家人生活清苦却也安宁。然而，流言蜚语总爱撵着多有苦难和不如意的人们，躲也躲不掉。有人说："张先生不好好供儿子读书，挣的薪水咋都供了妹子啦？小学毕业赶紧寻个婆家多好！"有人说："女生外向，还供啥哩供？供自己儿子念书才是正理。"有人说："女子无才便是德，识几个字就对啦，再供，供到大学去？供到抛头露面传笑四方呀？"是可忍孰不可忍。当时的学制是一个学年在春天开学，在冬天期终，张颖玲就在那个初夏的夜晚跑回了庄里镇，第二回上了一个半截子的初一回来啦，再不念书啦！

弯月又隐没在云层里，夜幕又黑暗起来。

张颖玲跑进庄里镇，跑到纪家巷自家的大门前，从腰间掏出钥匙咔哒一声打开大门上的铁锁，推开门走进去，顺手咣当一声闩上了大门。

张颖玲的家是一个不大的空空的院子，有门房、厢房和正房。张颖玲又掏出钥匙打开一个厢房的门，走了进去。

张颖玲点亮了一盏油灯，端起油灯走出房间。昏黄的灯光陪伴着一张汗涔涔的脸和一双亮晶晶的眸子。

庭院里，张颖玲端着油灯走进另一间房子——厨房。

厨房里，张颖玲左手端着油灯走到一张大案上的一摞

大蒸笼前，右手掀起最上面的笼盖，里面空荡荡，又掀起下面一个蒸笼，里面还是空荡荡，再用力掀起再下面的蒸笼，可以看见里面还有半个蒸馍。油灯放在大案上，半个蒸馍拿出来，大口吃起来，咔嚓、咔嚓，很快，吃完了，张颖玲又揭起案头一个水缸上的木盖子，拿起大案上倒扣着的一个大瓷碗舀了一碗水，双手抱起来咕嘟咕嘟地喝着。

胡老太张颖玲吐字清晰，语速稍快，只是顺序逻辑不时颠倒重置，两位作者笔尖轮换，竭力一一记录，但错失遗漏者终不知凡几，实难辨认者常间杂其间，目下整理书写出来的文字与那一天谈说的言辞当然不能一一对应，不由得生出许多的慕思遐想、长怀远望。

"您黑喽跑回来害怕不？"作者问。

"那个时候年轻，不知道害怕。"胡老太张颖玲说。

"咱北山那个时候应该有狼哩。"作者说。富平人把北边的山习惯叫北山，药王山就属于北山，耀县就在北山里。

"有哩么，一些人都叫狼咬啦，娃们黑喽都不敢出门。"胡老太张颖玲说。

"您黑喽跑回来得两三个小时，路上遇着狼没有？"作者问。

"我插辽斜回来的，没看见么。"胡老太张颖玲说。

阳光照进安静的教室，一堂美术课正在进行中。一位

长发挽髻，穿着灰色上衣、黑色裙子的女老师拿着粉笔在黑板上作画，一个山头上，一名战士端着机枪在射击，一名战士在给步枪上子弹，一名头上缠着绷带的战士在观察敌情，一名战士在搬运弹药箱，一名战士在投出手榴弹，还有一名指挥员举着手枪在射击。女老师画完了最后一笔，在画面的右上方竖着写下两句诗——"胡营愣娃打日寇，中条山上有忠魂"。教室里有三十多名女学生，都穿着灰色上衣、黑色裙子，大约十一二岁，有的歪着头凝望老师作画，有的握着铅笔在自己的作业本上学着画着。在教室最后面的一张课桌的后面，坐着跑回来了的张颖玲，穿着自己的蓝色上衣和黑色裙子，也在一丝不苟地跟着画，圆圆的脸庞、大大的眼睛，美丽而文静，文静而绰约。

张颖玲又走进了公所巷女子小学，给教美术的李老师当起临时助教。李老师端庄美丽，比张颖玲年长七八岁，已经成婚，丈夫也是一位教师，和张颖玲一样也姓张，就在立诚中学教书，和张颖玲的三哥还是同学。李老师说："玲儿，你把我这一班学生管上，就住到学校，和我隔壁。"张颖玲说："行！"三哥赶回来叫她去耀县初中安心上学，念完初中，但是好说歹说，正说反说，叫李老师说，叫李老师的爱人张老师说，都被张颖玲毫无分别地拒绝了，因为她认为自己长大了，一些同龄人都嫁人了，她再不能给三哥增添负担了。

张颖玲还肩负起女子小学一到六年级六个班的体育课，教学内容是跑操、做操、队列队形、立定跳远以及老鹰捉小鸡、掷沙包、踢键子等游戏，每日里在操场上挥洒汗水，号令四方。女子小学没有专任的体育老师，体育课都是各个班主任兼着，这下实是一举两得，学校有了一个体育老师，张颖玲有了用武之地。

操场，就是大门里、教室前的那一大片空地。张颖玲带着学生们上体育课的时候，不断会有三三两两的男青年在大门外边的街巷上装模作样地趔摸着，有的还从大门边上或墙头上探出贼眉鼠眼的半个脑袋张望着，只要张颖玲瞪起眼睛看过去，就都一下子闪得不见了。张颖玲不屑一顾，常愤愤然。李老师笑着说："谁让有人长得太标致了哩？"张颖玲脸红不悦。李老师笑而不语。

一天，张颖玲带着一班学生在操场上列队跑步，队伍整齐，行进跄跄——"一、二、一，左、右、左，一、二、一……"跑在队伍左侧的张颖玲领喊口令："一、二、三、四！"学生们跟着高喊："一、二、三、四！"张颖玲领喊口号："驱逐日寇，还我山河！"学生们跟着高喊："驱逐日寇，还我山河！"口号声震天动地。那一天的阳光就金灿灿地铺满了大地，也笼罩住了行进跄跄的队伍和这支队伍的指挥者。

三个人从大门外径直走进来。走在前面的是李老师的爱人张老师，仅仅朝着行进跄跄的队伍这边望了一眼。走

在中间的是一个高大挺拔的青年军官，大步直行，军姿严整。那双大眼睛直愣愣地瞅过来，和张颖玲瞪视过去的眼睛生生地撞在一起，撞在那里也不转回去。恁神气干啥哩？这是赵子龙走在长坂坡？还是关老爷过五关斩六将哩？张颖玲又瞪视过去，又和那直愣愣的大眼睛撞在一起。哼！张颖玲心里甚是气恼，带领着自己的队伍奔跑向前，兵来将挡，水来土掩嘛。张颖玲清楚地数着，那直愣愣的大眼睛走过去还瞅过来四回。走在后面的是一个青年士兵，和走在前面的李老师的爱人张老师一样，望了一眼就跟着走开。

那天晚上，李老师说："你见过胡家的六大人吗？"张颖玲说："没见过，我到他家里去从来没见过，他妈给人说他在黄河东边打日本鬼子哩，人家就不回来。"李老师说："你今天都见过啦。"说着话，李老师呵呵笑了起来。张颖玲丈二和尚摸不着头脑，问："见过啦？我咋不知道？"李老师哈哈哈笑的声音更大了。张颖玲恍然大悟，犹自不敢相信："他是六大人？"看着张颖玲张口结舌的模样，李老师拉起她的手："就是六大人，今儿才回来的。"

是胡家的六大人胡景铎回来了？张颖玲简直不敢相信自己的眼睛，这难道就是胡家的六大人胡景铎？这难道就是被吊在房梁上打了一晚上的胡老六？谁家娃不听话，大人就瞅着自家的麻绳和房梁说："你得是皮松啦？

你得是皮痒痒啦？你还想学胡老六哩？"

那是张颖玲还没上学时候的事情，她还是个娃娃。那一年刚过正月十五，胡老六被吊到胡家祠堂的房梁上，用一条麻绳抽打了整整一个晚上。镇子里的人都害怕得很，听说胡老六是共产党，都带着人缴了民团的枪啦。胡老六后来到外头去啦，几年几年不回来。张颖玲还是长大后听说了这个镇子里家喻户晓的事情。

庄里镇是富平县内最大的一个街镇，东西南北四个城门连着纵横两条主街，划分出东关和西关、南街和北街，其间大大小小的巷道交错相接。纪家巷是北门里靠西的一条南北小巷，小巷的南头是立诚学校的北墙，北墙外是一条东西小巷，接着学校东墙外和西墙外的两条南北巷道。张家就在纪家巷里面，门朝东。公所巷是立诚学校东墙外的那条较宽的南北巷道，巷道的南端直通西关街道，东边是镇公所，西边是立诚学校。镇公所后边一条东西巷道进去就是富平县立公所巷女子小学，原是晚清时期的一个书院，大门朝南，大门进去是操场，操场里边——也就是北边——是两排教室，教室的旁边——也就是操场的东边——是一排教员宿舍。胡家是西关西半截、街南面的那一大片区域，有着屋宇相接的重重院落和一个百花芬芳的后花园。后花园的西北角是胡家的祠堂，祠堂里供奉着六大人胡景铎的祖父胡德鼎、父亲胡彦麟等先人们的神主牌位。在立诚学校的西边，与胡家院落隔街相对的是胡家的

磨坊、油坊、酒坊、染坊、花坊①和贸易货栈等一大片产业。在西关街上，胡家的大门和东边立诚学校的大门、再东边镇公所的大门斜相对望。

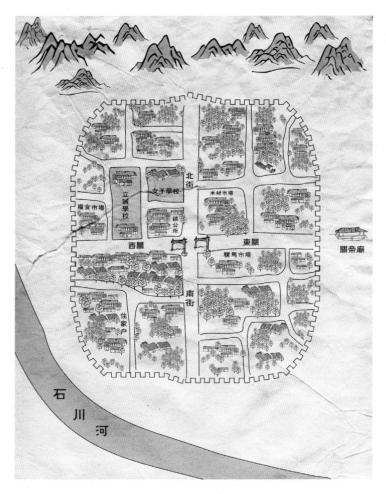

庄里镇简图

---

① 即轧棉花的作坊。

立诚学校是六大人胡景铎的长兄胡景翼在一九二〇年利用自家田产和一部分军费及各界捐款创办的一所公益性质的学校，始称立诚公学，后胡景翼亲定校名为立诚学校。一九二五年胡景翼病逝后，校产校权便一直由胡家代管，校名和学制也多有变迁，其时立诚学校称立诚初级中学，附设小学部，小学部只招收男生，初中则男生女生都招收。

胡家是庄里镇以至富平县最著名的大户人家，家资不为最巨，人望足堪艳羡。其时，胡家到庄里镇也就四十年。胡家原本世代居住在庄里镇北十五里外、药王山东南修建

立诚学校校园图

在一个山包上的唐代皇陵前的小村子和小村子外边一个三面临着深沟的小寨子，名为陵怀堡和胡家寨。在晚清同治年间西北流贼肆虐，一个一个村堡被屠杀焚毁，十里八乡的人都逃到了胡家寨里。时年二十四岁的胡德鼎带领乡民们在胡家寨上同马队步卒协同、刀枪火炮都有的六千流贼拼死战斗，三天三夜，血沃黄土，寨子上面的人都战死了，只有藏在一个地洞里的百余妇孺活了下来。这一战的惨烈已不可详考，因为亲历的人都战死在寨子上。短短二十年后光绪年间编撰的《富平县志》的记载也不尽相同，曰"同治六年八月二十六日，贼马、步六千复攻县西北端之胡家陵怀寨子，战三日，乡人击毙贼甚多，寨勇胡德鼎中贼枪死"，又曰"八月贼大股来攻，胡德鼎中炮弹死"。

胡德鼎战死时，妻子吴氏二十二岁，长子胡彦麟七岁，次子胡富麟两岁。胡彦麟在十四岁上步入商贾，胡富麟在十一岁上死于狼口。那一年大旱大荒，人比狼饿，饥民们只能搜撷藜藿以为食，举火亦难。吴氏在胡彦麟三年学徒期满，第四年拿回薪水银子后即出面组织安葬了死于流贼祸害以及灾荒饥馑的亲人、乡人四散各处的遗骸，入土为安。胡彦麟娶妻侯氏，渐次在庄里镇上购置了偌大家业，膝下六子：长子景翼，次子景瑗，三子景铨，四子景宏，五子景通，六子景铎。胡彦麟对六个儿子勤为训导，反对打骂，要求耕稼以治生、节俭以养廉、读书以正己，

铭记统帅官长是要为国家尽劳尽心，不能肥了个人瘦了天下，最严厉的斥责不是"国贼"就是"民贼"。吴氏和儿媳侯氏皆粗衣恶食，辛勤劳作。民国四年，吴氏亡故，享年六十有八，贤良淑德，远近咸服。

长子胡景翼自取字笠僧，以佛心自励，二十岁在药王山发动起义，成为陕西辛亥革命的元戎之一。其后，东渡日本学习军事，谒见孙中山，直言他日打破北京请先生北上主持国是。回国后讨袁伐段，出任陕西靖国军总指挥。后佯附北洋，接受改编，终和冯玉祥、孙岳两位将军联合发动北京政变，成立中华民国国民军，一举打败吴佩孚，推翻贿选总统曹锟，电邀孙中山北上主持国是以践前盟。后段祺瑞复出做了临时执政，胡景翼被临时执政府任命为河南督办，在河南实践孙中山"联俄、联共、扶助农工"的三大政策，邀请李大钊南下指导工作，聘请苏联顾问，接受苏联军事援助，网罗各方人才，日谋刷新政治，中原气象为之一新。孙中山辗转北上，不意病逝北京。胡景翼在开封追悼孙中山大会上痛哭不已，以致臂疽复发，医治无效而逝，时年三十四岁，距孙中山辞世不及一月，遗愿"继志有人，则树的必赴，终有贯彻之一日也"。胡彦麟从陕西赶到河南，看着长眠不醒的长子，说道："汝身已许国，吾不能私悲失孝养之子耳。"

胡景翼病逝九年后，胡彦麟在七十四岁上故去。胡家诸弟兄皆追随长兄脚步，先后投身军旅。景瑗为国民军南

路军师长，在南昌起义前就与贺龙结下深厚情谊，后解甲归田、操持家事，西安事变后倾力资助贺龙率红二方面军进驻庄里。景铨为国民军旅长，亲自护送李大钊到河南，返乡后任富平、同官、耀县三县民团总指挥，不久便居家专事农耕。景宏历任陕西绥靖公署驻甘肃少将参议、陕西省政府少将参议等职，在外襄助军机。景通在陕北榆林掌兵，为二十二军骑兵第六师师长并陕北保安指挥部指挥官。景铎最小，少年离家，在察哈尔、河北、山西抗战数载，从士兵升到班长，从班长升到副官，从副官升到连长，从连长升到营长，从营长升到团长，久不还乡，还乡已是上校军官，尚未婚配，虚岁三十。

那一天走在后面的那名青年士兵是胡景铎的警卫员，名叫张金生，是李老师的爱人张老师的弟弟。张老师和胡景铎早年相识，私交甚好。胡景铎前脚踏进家门，张老师后脚赶过来，言谈中得知老友还是孤家寡人一个，便说道起一个女子黑夜里从药王山跑回庄里镇，天不怕地不怕的事情。胡景铎知道张颖玲和自家本就是亲戚，是五哥胡景通的姨妹，自己全无印象，在张老师的一再撺掇下，便走进了女子小学，看见了一双瞪视过来的大眼睛。在李老师的宿办室里，胡景铎红着脸，张老师不住地点着头，张金生瞅一眼屋子里面的官长，又扭过头瞅一眼屋子外面的操场上，不住地紧抿双唇。李老师说："六大人，你们两家知根知底，玲儿是我的学生，人才品行都在这儿搁着哩。"

张老师接话道："要说就是个子低些。"三个人都看向胡景铎，胡景铎的脸更红了，说："没有低个子咋显得咱个子高哩？"

胡景铎时任国民革命军第十七军第八十四师第二五二团团长，率部从抗日一线撤到后方休整，驻防在富平东边渭南县一个叫板桥的地方，回到庄里镇的第一天就见到了张颖玲。此后，胡景铎经常回来，回来了就到女子小学拜访张老师和李老师夫妇，同住在隔壁的张颖玲便也时时见到、回回说话，叙了亲戚，谈了彼此。

黄昏，庄里镇外，石川河畔，一长一短两个身影在霞彩里结伴向前。一个青年军官高大挺拔，一个辍学的女子娇小玲珑，高大的高出了一个头还多些，娇小的宛若一只快乐的小鸟环绕着一棵大树在飞翔、在起舞。石川河的流水哗哗作响，一路东去。

胡景铎说："国民党和共产党的最高领袖我都见过，就是蒋介石和毛泽东。毛泽东，你知道不？"

张颖玲说："毛泽东，我不知道，蒋介石真的是一个光头？"

胡景铎说："嗯，光头么，蒋光头，今年是一九四三年，十二年前的一九三一年我就见过啦。九一八事变你知道不？"

张颖玲说："咋不知道！日本人占了东三省，东北军一枪不放跑啦。"

胡景铎说:"东北军一枪不放就跑啦,是蒋光头下的不抵抗的命令。我当时和希仲在苏州上学,学生都跑到南京请愿,去了两次哩。第二次去的那一天是十二月十七,在国民政府大门前,蒋光头一身戎装,腰里别着一把手枪,两个眼睛直冒火,站在一个高台子上给学生训话,我给你学一下,咋样?"

张颖玲说:"行么。"

胡景铎说的希仲是其长兄胡景翼的儿子,比他小半岁,叔侄两个一起读书,一起长大。长大后,胡景铎带兵抗日,转战各地,胡希仲奔走救国,行旅匆匆。张颖玲因两家的亲戚关系,常到胡家看望姐姐,早已认识胡家的大少爷胡希仲。

胡景铎站在那里,左手叉腰,右手挥舞着拳头,学着蒋介石的浙江口音煞有介事地讲了起来:"应战而不战以至于国亡,政府之罪也;不应战而战以至于国亡,亦政府之罪也。"

张颖玲哈哈大笑。

胡景铎继续学着说道:"政府三日之内出兵,不出兵收复失地,杀我蒋某人的头以谢国人。"

张颖玲笑得弯下了腰。

胡景铎说:"蒋介石都是骗人的话,我都记着哩,一字不差。他训了话,学生还不离开,等着他派部队打日本鬼子,结果他派军警拿棍棒打学生,把学生打出南京,就

像赶牲口一样，我和希仲都挨了几棒子，多亏跑得快，不然命都没啦。蒋介石是不抗日，他是要打共产党，他把这叫'攘外必先安内'。啥叫'攘外必先安内'？就好比兄弟分家打架，外敌都杀进来了咱让开些，咱只顾打自家兄弟。蒋光头的'领袖讲话'纯粹是胡说八道！玲儿，你说是不是？"

张颖玲说："我不知道，反正分家不分家都是小事，得先打敌人。"

胡景铎说："就是么，蒋光头都没有玲儿明白事理。"

张颖玲说："六大人……"

两个人并肩朝前走去。

胡景铎说："共产党的毛泽东就完全不一样。"

张颖玲说："哦？咋不一样？有头发哩？"

胡景铎说："长头发，一看就英明睿智，还平易近人，不像蒋光头高高在上。"

张颖玲说："你见过？"

胡景铎说："没见过咋知道哩？不光见过，我还听过毛泽东的演讲哩，就在我面前，就是没握手。"

张颖玲说："嘿嘿，六大人都没握上手。"

胡景铎说："那是三八年，就是五年前，我从山西回来接兵，走的延安，在一个教堂里参加了纪念三八妇女节晚会，这是共产党的陕甘宁边区第一次召开妇女大会专门办的晚会，就在三月八号晚上，我们是友军，我是被邀请

去的。"

张颖玲说："那你啥时候听的演讲？毛泽东是啥样子？你赶紧说嘛。"

胡景铎说："好，就是那天晚上，在大教堂里，晚会开始前，毛泽东先演讲，身材很高，和我差不多。"

张颖玲插话说："你说毛泽东和你差不多？你跟毛泽东一样？"

胡景铎说："都是高个子么，个子高低差不多，你急啥哩？我给你说，毛泽东头发很长，中间分开，人很瘦，比我瘦多啦，穿着灰布棉袄，上面还摞着大补丁，眼睛亮得很，看得你心里都是亮堂堂的。毛泽东是湖南人，湖南话也好学，我只能学一句，就记了一句。"

张颖玲说："嗯。"

胡景铎站定脚步，展开双手，学着毛泽东的湖南口音演讲了起来："妇女在抗战中担负了重大的责任，必须把妇女群众组织起来，必须有大批的妇女干部领导妇女工作。"

张颖玲热烈鼓掌说："干部是啥？"

胡景铎思考着说："干部就是——为大家工作的人嘛，我是干部，玲儿，你也是干部，是在学校工作的干部。"

张颖玲脸上笑开了花说："我才不是哩。"

看着张颖玲高兴的样子，胡景铎骄傲地说："北京话、四川话、山西话、江苏话、东北话、河南话、上海话、广

东话我都会说，一个绊子都不打，我还会唱秦腔戏，在山西，弟兄们最爱听我给唱上一段。"

张颖玲忽闪着圆圆的大眼睛说："你会唱戏？你会唱啥戏？"

胡景铎说："你不相信？我最拿手的是《九龙山》，戴上髯口、化了装就能上易俗社的戏台子，你看，我今儿就给玲儿来上一段。"说着话，胡景铎扎起架势唱了起来：

今日大战杨再兴，我要收他抗金邦。沥泉枪、滚金枪，不知谁弱谁更强。杨家世代出良将，名不虚传天下扬。九龙山前传将令，大小三军列阵仗……

张颖玲听得迷迷糊糊，看得如痴如醉。

药王山上，张颖玲和胡景铎一人一骑在山道上行进，时而胡景铎策马领先，时而张颖玲挥鞭在前。胡景铎想着要给张颖玲教骑马，还有所顾虑，牵着一匹大白马在石川河畔散了半天步，没想到他一说张颖玲完全同意，而且一学就会，改天就一人一骑并辔前行。一个山包上，两个人勒马远眺，天是蓝天，云是白云，风是清风，清风就在耳畔，吹拂起了黑发，也吹拂进了心田。

张颖玲说："胡营愣娃打日本鬼子那些事都是真的？真的死了那一些人？日本鬼子真的杀光、烧光？"

胡景铎说："都是真的，日本鬼子没有人性，胡营愣

娃是弟兄们拿血和命换来的。"

张颖玲说:"嗯。"

胡景铎说:"山西灵石县有个玉成村①,鬼子的一个大佐叫海老名荣一,他亲自带队,围住村子,提着汽油桶给房屋泼上汽油,烧掉,不分男女老幼,用刺刀刺,还把抓住的人抬起来扔进火里。全村三十九个人,最小的一个娃娃才三岁,也被刺刀挑着抛进火里。这是三八年三月的事,那年冬天我移防灵石后才知道的,玉成村只留下一个村名。"

张颖玲的脸上流下两行清泪,抬头看着胡景铎说:"六大人,你咋不打海老鬼子哩?"

胡景铎说:"那个日本鬼子,我前后打了几回哩。我驻防在灵石县的皂角墕,经常派部队袭扰日本鬼子。当时是节节抗击,正面攻击咱打不过日本鬼子,共产党八路军在敌后运用游击战不断打胜仗,我就学八路军的办法,主动出击,袭扰鬼子,就是出其不意多杀几个鬼子,打不过立马转移,打了好些个小胜仗,大仗也打了好几回。李振华有一次带着二连就打了一个不小的胜仗,消灭了四十多个鬼子。李振华是我的副团长,看上去是个白面书生,一表人才,实际上能文能武,是个将才,你以后见了可要好好向人家学习哩。"

———————

① 今属灵石县翠峰镇。

张颖玲说:"我学啥哩?你才要向人家学习哩,人家都是将才么。"

胡景铎说:"我是团长,振华是副团长,我们两个不分彼此。"

张颖玲轻哼了一声说:"那你说人家是咋消灭日本鬼子的?"

山风徐徐远去,霞光映红天际。

胡景铎说:"海老名手下有个簟堤小队长,带了一百多人,驻在灵石县城外边的水峪村①。振华带着二连悄悄包围了鬼子驻地,突然发起进攻,手榴弹在鬼子的头顶上一个接着一个爆炸,几挺机枪交叉扫射。鬼子乱了阵脚,朝外胡冲乱撞,冲出来几个就被击毙几个,退回到工事里面负隅顽抗。二连打了两个小时,打死四十多个鬼子,打伤的就更多,簟堤小队长的胳膊也被打了一枪,可惜没打中要害。后来鬼子就跑回灵石城里去啦。这是小仗,大胜。"②

张颖玲说:"那灵石城里的日本鬼子没有出来救他的人?那个海老名就没听着?"

胡景铎说:"鬼子不敢出来,海老名害怕我打他的伏

---

① 今属灵石县翠峰镇。

② 本书中的几次战斗均有史料明确记载,关于此战李振华先辈在日记中写道:"廿一日本连赴灵石郊外游击,袭击了水峪村簟堤日寇百余人,激战两小时,敌受创甚巨退去,跑回城内了。"

击，他在城墙上拿望远镜看，我也拿望远镜看他哩。"

张颖玲说："看他干啥哩？你一枪就把他打死啦。"

胡景铎说："那不行，距离太远，咱的步枪打不到。"

张颖玲说："那就不打他啦？"

胡景铎说："打哩么，咋不打？打簟堤小队长是在腊月初上，过了年正月初五就和海老名从早上打到半夜。"

张颖玲说："咋打那么长时间？"

胡景铎说："皂角塂是个山窝窝，周围都是山。那天早上，海老名把一门大炮架到一个山梁上，打得地动山摇，骑兵在前面冲锋，步兵跟在后面，一下子来了七百多鬼子。我们那个时候还是三营，我是营长，全营三百来人，还有共产党的一个地方公安队，有五十多个人，一共才不到四百人，鬼子上来一次我们就打退一次，寸步不让。"

张颖玲说："那咋能守住哩？"

胡景铎说："死守肯定守不住，会叫鬼子一步步包了饺子。我们利用地形和工事，以班排为单位，主动出击，交叉掩护，一边退就一边进，一侧攻就一侧守，在山梁梁上、沟道道里有效杀敌，弹不虚发。皂角塂的乡亲们冒着枪林弹雨送水、送饭，帮着运弹药、抬伤员。海老名进，进不得，退又退不得，急红了眼，就释放毒气弹。那厉害哩很，吸一口就要了命啦。"

张颖玲插话说："咱咋办呀？"

胡景铎说："我们都匍匐在地上，就是趴在地上，嘴里捂着毛巾，没有毛巾就捂着衣服袖子，把嘴巴埋在土里，等着毒气过去，手里都把手榴弹准备好。鬼子上来啦，戴着防毒面具，像一个个牛头马面。咱用手榴弹招呼他，人还趴在地上。手榴弹一爆炸，毒气就吹散了，我们爬起来和鬼子拼刺刀。鬼子几次冲锋都被打退了，双方都死伤了一百多人，好些弟兄是让毒气活活熏死的。"

张颖玲说："那是赢了还输了？"

胡景铎说："我们赢啦。汉奸领着一股鬼子，绕到后山上来了。我指挥部队和群众边战边退，撤进旁边的山里头。海老名占了一个空村子，就放火烧村，群众来不及带走的'合碗子'和面粉都浇上煤油烧了。'合碗子'是灵石的一道名菜，是宴席上的压轴菜，就跟咱过年拿烧碗蒸的肉片子一样，里面有洋芋块、油炸豆腐丝、山野菜，香哩很。那一天破五，部队和群众准备联欢，群众专门杀了一头猪，做了好多菜。"

张颖玲说："'合碗子'、'合碗子'，光听名字就好吃得很，日本鬼子简直不是人！"

胡景铎说："鬼子鬼子，咋能是人？也没有三头六臂，照样叫我们打得鬼哭狼嚎。"

张颖玲说："不是你撤退了吗？"

胡景铎说："是先撤啦，天一黑又杀回来啦，又打死了一些鬼子。海老名连夜跑回灵石城里，再也不敢出来。

所以是我们胜利啦，是惨胜。胡营愣娃就是这一仗赢来的。第二天打扫战场、掩埋烈士，还举行了烈士追悼大会，附近几个村庄的乡亲都杀猪宰羊来慰问。一个乡亲扛来一面大纛旗，红艳艳的，上面写着八个大字——胡营愣娃杀敌报国。玲儿，大纛旗就是一个长杆子上挑着一面竖长的旗子，老远就能看见，威风得很，那八个字威风得很！"

胡景铎的脸色凝重起来，双目直视东方。灵石皂角塆就在东方的天地里，三营将士和乡亲们在高呼口号——"杀鬼子、保家乡！""胡营愣娃、杀敌报国！""打倒日本鬼子！打倒汉奸走狗！"那一阵阵口号声似山啸，似风吼，似天怒！

张颖玲静静地看着胡景铎，眼里是满满的柔情。

夏日的夜空，星光璀璨，高高冷冷的织女星和凄凄惨惨的牛郎星最是夺目揪心，在那里隔着天河不离不弃、相望相依。

月光如水，淌过天地。张颖玲躺在女子小学教员宿舍的床板上，睁大着眼睛一动不动地看着窗外的月光，看着月光里骑着高头大马驰骋在天地间的胡景铎。

两个人的感情从花前月下进展到了谈婚论嫁，男方家里没意见，女方家里不同意。胡家和张家原已结亲，虽然张颖玲的姐姐嫁给五大人胡景通后没几年就病死了，但两家一直走动着。胡景铎的母亲侯氏老太太对打小天天来

找姐姐的张颖玲本就喜欢，眼看着她出落成一个俊俏可人的大姑娘。得知张颖玲和小儿子胡景铎一见钟情、情投意合，侯氏老太太心里一百个满意，看哪儿哪儿好，关键是她终于把不着家的老六拴住啦！个子低，个子低喽灵活么，不像老六高个子死犟死犟的！张颖玲的三哥却坚决反对。张老师和李老师夫妇二人前去劝说，张颖玲的三哥说："老同学，大得太多啦，大了十三岁，不合适的事情还说啥哩？"富平县立公所巷女子小学的校长前去劝说，三哥说："他家大业大，我小门小户，他是团长，哪个拿枪的不讨几房小老婆？他几年几年不着家，我妹子是做小还是做大？"耀县中学的校长也被请来前去劝说，三哥说："您看，我两个哥哥、一个姐姐、一个妹妹，兄妹五个，父母不在了，我大哥和姐姐也不在了，我姐姐就是嫁到胡家，没几年人就病死了，现在剩下我二哥、我和我妹妹三个。我二哥大学就要毕业啦，我妹妹在哪里寻不下个婆家？我咋能把我妹妹再嫁到胡家？都在庄里镇上，我张家是把女子嫁不出去啦？"

张颖玲坐在床沿上把手里的两张照片翻过来翻过去，就是不说话。两张照片都是单人照，一张照片上是一个容貌俊雅，穿着西装和皮鞋的青年男子，一张照片上是一个相貌堂堂，身着一袭长衫的青年男子。坐在床前一把椅子上的三哥正在劝说着："那个是你二哥寄回来的，是他同班同学，是家里老大，人品没的说，条件也好，你嫁过去

了风光得很。这个是我同班同学，也是老大，家里有地有产业，是个本分人，做人做事我都了解，你跟上不受一点亏吃。"张颖玲低着头，没有言语。三哥接着说："玲儿，这两个本人你没见过，人家可都见过你啦，都愿意得很！"张颖玲抬起头问："啥时见过我？"三哥说："就在大门口么。"张颖玲把两张照片塞到三哥手里，站起身，说："三哥，我上体育课去呀。"张颖玲三步并作两步走出宿舍。操场上，一班学生正在分头做游戏，有的投掷沙包，有的踢毽子，有的玩老鹰捉小鸡。

暮色苍茫，张颖玲和胡景铎缓步走过石川河畔，走过庄里镇的大街小巷，走到女子小学的大门外边，两个人都停下了脚步，站立良久。胡景铎说："同意也好，不同意也好，都得结婚！我明儿就让人说去！"张颖玲说："我不管！"说完，走进了女子小学。

到了第二天，太阳不知道跑到哪里去了，天地间凄凄惨惨戚戚，看不见蓝色的天空，找不出一朵像样的云彩，也听不见一只小鸟的鸣叫，就连一丝丝的风都没有。张老师和胡景铎的警卫员张金生兄弟两个从纪家巷张家的大门里走了出来，张老师两手提着两疙瘩礼品，张金生腰里别着两把盒子枪，没有人相送，只有咣当一声，大门从里面关上了。

在胡家的账房里，胡景铎坐在桌前写下一张借据——"今为婚礼事，借十万元，胡景铎，民国三十二年某月某

日。"账房的相公双手捧着一个揭开了盖子的印泥盒恭恭敬敬地站立伺候着。

在胡家侯氏老太太居住的上房卧室里，满头银发的老太太正拉住张颖玲的手、摸着张颖玲的头发说着话。老太太说："把我娃亏欠下啦，老六这犟驴脾气，再找人给你三哥说么。咱本来就是亲戚，你家里人好，我娃好！老六让人给你三哥捎话，说啥结也得结，不结也得结，这成话吗？咋敢胡整哩？事情弄成这样，在咱家里咋结婚呀？唉！到了部队上，妈叫人去看你，他要是欺负你，你就给妈说，妈收拾他！"老太太流下了眼泪，张颖玲也流下了眼泪。老太太拿过桌子上一个装饰精美的木盒子，递到张颖玲手上，沉甸甸的，接着说道："这是妈给我娃的，不让我娃吃亏。妈跟他说啦，叫他给我娃打戒指、钉耳环，给我娃把啥都买上，买好的！"张颖玲哇地一声哭了起来。

八月的一天，艳阳高照。渭河北岸的板桥，一个不大的小村庄，一场婚礼正在一户人家的院子进行着。院子里张灯结彩，窗户上贴着大红的"囍"字。穿着军装、背着枪的官兵你拥我挤、出出进进。一对新人，一个高，一个矮，一个一身军装，佩戴着上校领章，一个一身红装，手腕上一对金镯子黄灿灿分外抢眼，在一方红布的拴绑下朝着南边一拜天地，接着转过身朝着西北方向遥拜高堂，然后面对面夫妻对拜，礼成。在一阵高过一阵的嬉

闹声中，新郎官和新娘子进了洞房。洞房里，胡景铎对张颖玲说："玲儿，跟上军人享不了福。"张颖玲看着胡景铎说："我不管！"胡景铎说："你咋啥都不管哩？"张颖玲说："我啥啥不会，我不管！"

胡景铎从家里借出来的十万元都交给副团长李振华发了军饷。两个人端坐在椅子上，李振华脸庞清秀、神态谦和，把一沓钞票从桌子那边递给桌子这边的胡景铎。胡景铎一边伸手接过钱，一边说："我还有钱哩。"李振华说："你没有多少。"胡景铎说："我是六大人，不操钱的心。"李振华说："过几天就要到固原去，走头里你在西安城里给颖玲和玉儒都买几件衣裳，单的、棉的都买下。"张颖玲就坐在里间的炕沿上瞧着丈夫六大人胡景铎和他的副手李振华，心里甜甜的、暖暖的。李振华说的玉儒是他的妻子闫玉儒，他们两个人是在这年春上结的婚，是胡景铎保的媒，闫玉儒比张颖玲大两岁，已经初中毕业，是一名小学教员了。

几天后，李振华带领二五二团离开板桥，移防千里之外的固原，胡景铎带着张颖玲和闫玉儒进了西安城。

夏日的午后，烈日炎炎。西安钟楼旁的街道上，过往的人们都穿着短褂薄衫、靓衣彩裙，有的打着洋伞，有的摇着扇子，有的还举着冰棍。胡景铎领着张颖玲和闫玉儒从钟楼下走过，走向不远处的西京中国国货公司，后面跟着警卫员张金生。张颖玲和闫玉儒两个人的身材一样的

娇小玲珑，脸庞一样的圆圆俊俊，齐肩的短发也是一样的干净利落。张颖玲长着一双圆溜溜的杏眼，穿着一件大红旗袍，上面绣着富贵的牡丹花。闫玉儒长着一双水汪汪的丹凤眼，穿着一件粉色旗袍，上面绣着盛开的海棠花。现在，两个人都睁大眼睛看着高高的钟楼和长长的街道，还有各样装束、各式打扮的城里人。

西安钟楼

西京中国国货公司里，张颖玲和闫玉儒在夏季流行女装前流连忘返、爱不释手，试了这件试那件，搁下那件又拿起这件。胡景铎拿着两件半截子呢绒大衣走过来，一脸亲切、关心地让两个人试穿。两个人都不愿意，但终究架不住递到手上的一番美意，不情不愿地试了起来。

胡景铎领着张颖玲和闫玉儒从西京中国国货公司里走了出来，后面跟着的张金生两只手提着两个不大的包袱。张颖玲一脸不高兴，闫玉儒拉着张颖玲的手，也是一脸不高兴。胡景铎兴致很高，边走边说："今儿晚上到易俗社看《柜中缘》，好戏！易俗社可不得了，大文豪鲁迅都给易俗社题词哩，是——"说到这里，胡景铎有意放慢了语速、加重了语调，"四个字——'古调独弹'。今儿晚上都是名角儿，绝对好看！来一回西安讲究在易俗社看一回戏哩，不然都白来啦！明儿咱就上固原。"

一行人从热热闹闹又热气腾腾的钟楼下走过。

大文豪鲁迅给易俗社的题词"古调独弹"就悬挂在舞台的上方。舞台上正在演出秦腔戏《柜中缘》。包厢里，胡景铎在宴请几位军政官员，觥筹交错，酒兴正浓，二五二团的团长夫人和副团长夫人跟另两位穿金戴银、花枝招展的官太太陪坐在一起。看戏看戏，谁爱看戏谁看戏！张颖玲的鼻子都歪到一边了。这就是逛西安来啦？给一个人买了一件半截子呢绒大衣？大夏天买了一个大冬天才能穿的半截子大衣？还看啥戏哩？人家穿的啥？戴的啥？我就两身衣服，结婚的、出门的。我就一对金镯子，还不是你给我买的！叫你给我买的金耳环哩？叫你给我买的金戒指哩？成心么！刚结婚，这才几天？闫玉儒挨着张颖玲，拉着她的手。那两位官太太一边看着戏，一边嗑着瓜子，还时不时抓一把瓜子递到张颖玲和闫

玉儒面前。张颖玲都快气炸了，一颗瓜子就挂在两个嘴唇间，一动不动。

《柜中缘》《柜中缘》，就是大板柜里面藏了个大活人么。许淘气回到家，发现妹妹许翠莲竟然在大板柜里面藏了一个李公子，他真真又是羞来又是恼，一会儿捂脸背身，一会儿数落责问："小蠢材来还强辩，你的赃证在面前。进来若有人瞧见，一句话儿百人传。百人传千千传万，越说越传比醋酸。都说我淘气的妹子呀……羞得我淘气哪里钻？"许翠莲不知道应该怎样面对自己的哥哥许淘气，只能自己埋怨着自己："许翠莲来好羞惭，悔不该门外做针线。相公进来人瞧见，难免得背后说闲言。说奴长来道奴短，谁人与我辩屈怨。这才是手不逗红红自染，蚕做茧儿把自己拴。无奈了我把相公怨……"

张颖玲出神地看着，出神地听着，泪水淌过了脸颊，淌过了嘴角……

酒酣耳热，一名军官神秘地凑向胡景铎耳语道："老六，现在日本人也就那样啦，抗战已经过了关口，延安才是心腹大患。胡先生这一回'闪击'延安走漏了消息，非常之恼怒，正在肃清共党分子，早就看十七军不顺眼，要换掉老高的军长也不是一天两天啦，人都已经定好了。十七军里面就有共产党，老高这个人态度暧昧，兄弟你可要睁一只眼睛，打仗咱可以学八路军的游击战、运动战，这战那战，打赢了是本事，可不敢跟共产党沾上边边，人

头落地啊！"胡景铎连连点头。那名军官继续耳语说："你这些年抗日有功，又在成都住了一年，住的可是中央陆军军官学校高教班，现在是上校团长，下一步还要提升，前途一片大好！一片大好！"说着话，那名军官伸过手臂亲昵地搂住胡景铎的肩膀，"现在正是用人之际、多事之秋，该走动走动啦！"胡景铎也亲密地凑过头去耳语起来。军官口中的老高是十七军军长高桂滋——胡景铎的老上司。

离开西安，前往固原，路途漫长，黄土飞扬。胡景铎难掩心事，凝目远方。张颖玲难掩失望，不言不语。一旁的闫玉儒神情落寞地拉着张颖玲的手。

二、困　难

固原地处黄土高原和青藏高原的衔接地带，自古就是军事重镇，当然也是国民党军队从西线封锁陕甘宁边区的战略要地，城内城外岗哨林立，一辆辆军车呼啸而来，呼啸而去，商旅行人脚步匆匆，只顾向前。

城外一处荒地，一辆军车嘎地停了下来，后厢门推开，几名荷枪实弹的国民党军士兵从车厢里推拉撕扯下来几名被反绑双手、撸去军帽的国民党军官兵，抬起枪口，扣动扳机，再补上刺刀，枪声沉闷，刺刀冰冷，被杀害的官兵怒目圆睁。

刚到固原，胡景铎就和顶头上司、第八十四师师长徐子仁①拍了桌子。十七军军部会议室内，军长高桂滋坐在长桌的上首，胡景铎站在长桌一侧厉声斥责坐在对面的徐子仁："说是共产党就是共产党，不问三七二十一就枪毙？带兵的不知道自己的兵是啥人，就你那几个人知道谁是共

---

① 化名。

产党？'宁可错杀一千、不可放过一个'，这是在清除异己、借刀杀人！三九年，在灵石皂角墕，就隔着三里路，大炮都能把你的行军床震翻喽，你是团长你就是眼看着我的三营被日本人前后夹击，坐视不救！"徐子仁白白净净的圆脸上挂着狠狠的狞笑。胡景铎说的坐视不救是事实，徐子仁无法抵赖。当时，徐子仁率部驻防在距离皂角墕只有三里地的东岭村，中间只隔着一条沟，大炮轰得震天响，他就是按兵不动，一个是因为没有接到上峰的命令，再一个是因为胡景铎的三营属于第五百团，他是四九九团的团长，没有隶属关系。现在，徐子仁接了八十四师师长，胡景铎升了二五二团团长，两个人成了直接的上下级关系。胡景铎手指徐子仁，继续说："现在你是师长，又给胡宗南当马前卒，说是反共，这是要把十七军送去当炮灰！真是崽卖爷田心不疼！"说到这里，胡景铎"啪"的一声把桌子拍得震天响。徐子仁也拍着桌子站了起来，反唇相讥道："谁不知道你胡老六一贯跟共产党走得近，在部队搞八路军那一套政工弄法，成天把委员长的讲话当耳旁风！你反对蒋委员长就是反对国民党！就是通共！你胡老六的思想才是最危险的！"坐在那里的高桂滋忽然重重地"哼"了一声，唇上的黑髭也急剧地抽动了一下，起身拂袖而去。

胡景铎到固原不久，侄儿胡希仲就被国民党当局抓进了监狱。

高墙铁窗，胡希仲正在高声斥责审讯他的一名国民党官员。戴着脚镣手铐的胡希仲面色蜡黄，又高又瘦，站在那里攥拳怒目。穿着中山装、佩戴着青天白日徽章的国民党官员面目凶狠、又黑又胖，正襟危坐。胡希仲怒不可遏地说："我这两年在华山养病，不问时事，这是谁都知道的事情。现在是国共合作时期，习仲勋和我是同学，他给我写信问候一下就把我抓起来？信里写的啥你给我说一下，该让我知道么。他是共产党，我是国民党，他给我写信，我就是通共？陕甘宁边区政府和陕西省政府经常来往，陕西省政府主席就是通共？中山先生一手建立的国民党，先父为之奋斗毕生的国民党，是革命的国民党，是青天白日的国民党，而今成了草木皆兵、人人通共的国民党，不亦怪哉！"国民党官员冷冷地说："你私藏上千枪支，密谋在渭北拉起队伍投靠共产党，人证物证俱在！老老实实交代，党国会念及令尊大人这一层关系从轻发落。笠僧将军就留下了你一棵独苗，你要是还执迷不悟，上上下下也都不好说话了。"胡希仲哈哈大笑说："我家里本来就有枪哩，我再买了一些，那是要组织人马去抗日。我六大胡景铎带的那个团里面就有我送到山西去的一个营。他上固原头里还给我来信，说我那个营很能打仗，要我再组织些人去打日本鬼子。咋了？我啥时候带上人马刀枪投靠共产党啦？"国民党官员淡淡地说："大少啊，最高当局那里看的是证据，没空听你讲漂亮话。贤侄，听我

一句劝，要好自为之啊！"

　　胡希仲以通共的罪名被关在西安的监狱，胡景铎在固原因反对蒋介石、胡宗南而左右为难，军长高桂滋同样备受煎熬。

　　十七军军部内，高桂滋坐在大办公桌后面的椅子里，斜靠着身子，胡景铎坐在长条茶几后面的长沙发上，双膝并拢，上身挺得笔直。高桂滋说："老六，我给西安打过招呼啦，希仲暂时是安全的，但信落到了那伙人手里，就是抓住了一条大鱼，希仲的身份又在这儿，肯定会报给老蒋。"胡景铎说："军长，我二哥已经去重庆找于先生等几位，我大哥就这一个儿子，竟然还要第二回坐国民党自己的监狱。第一回在苏州，说他掩护共产党的地下交通员，都是青年学生，他咋知道谁是共产党谁不是共产党？这一回在家门口，习仲勋跟我跟他是立诚的同班同学，国共合作，同学间有个书信来往就是通共啦？实际上是他蒋介石背叛了中山先生的三民主义，中山先生召开国民党第一次全国代表大会，李大钊、毛泽东都参加啦，他蒋介石是要杀光共产党之后给中山先生安上一个通共的罪名，这才显得他蒋某人是党国的救世主。"胡景铎目光灼灼地看向高桂滋。高桂滋长长吐了一口气，说："有于先生出面，事情就有眉目啦，好歹是党国元老，老蒋不能不给面子，他还需要老几位装点门面哩。他把国民党都带成啥啦？唉！"高桂滋又重重地叹了一口气。胡景铎面前的长

条茶几上整齐地摆放着一份午饭——一盘鱼香肉丝、一盘凉拌绿豆芽、一碗西红柿鸡蛋汤和一碗米饭。胡景铎说："军长，还是先把午饭吃喽，事情再难都得吃饭。"高桂滋说："放着吧，先放一放。蒋介石、胡宗南逼着咱反共，咱就做做样子，看一看、放一放，不能意气用事。六弟呀，子仁是娃娃辈，一贯把上峰的命令认得真，虽然年纪比你大，但是后辈嘛，你是六大人，大人有大量，要顾全大局，主动和娃们搞好关系，把咱的摊子看好。我跟邓先生也说啦，希仲这一回出来后就到榆林去，有邓先生照应着，安全，不要留在关中。"胡景铎说："希仲把罪受啦，他是宁折不弯，在苏州绝食抗议，我把他接出监狱，人都瘦得失形啦，这一回又把罪受啦。军长，胡宗南已经动手啦，十七军不能让他说吃掉就吃掉。咱在固原，邓先生在榆林，他胡宗南在西安，一西一北一南，延安在东边，对外，咱跟北边的邓先生把关系拉紧，和东边的延安把关系搞好，对胡宗南软硬兼施。内部，不要再搞什么反共。反什么共？其实是拿刀子扎咱自己！蒋介石两面三刀，他是在独裁卖国。咱也对症下药，军长你可以找个借口明面儿上离开部队，底下把部队控制好，到时候一声令下咱就把部队拉走，跟共产党合作，反蒋抗日！"高桂滋坐直了身子说："老六，国民党防共、限共、溶共、反共，胡宗南坐在西安就是要拔掉延安，这是明摆的事。日本人是中华民族的死敌，共产党是老蒋的眼中钉，共产党搞的抗日

民族统一战线，我完全赞成。但我是国民党党员，我和邓先生这些人跟着胡老大出生入死，执行的就是中山先生'联俄、联共、扶助农工'的三大政策，国共合作我完全拥护，改换门庭的事咋能干？咱是地方军、杂牌军，不是中央军，不是老蒋的嫡系，说共产党八路军是老蒋的眼中钉，那咱就是老蒋的肉中刺，他那一套都是老把戏了，没有啥新东西。六弟，不管是中央军还是地方军，都是国民革命军，他老蒋是黄埔的校长，不要忘喽，黄埔的总理是中山先生，党代表是廖仲恺，共产党的周恩来担任的是政治部主任，黄埔直接隶属于国民党中央执行委员会，一些人自诩天子门生，那是猖狂得不知道天高地厚啦！现在真的没路走啦？！政界、军界、民盟、国内的知名人士都在寻找出路，寻找出一条道路来。抗战胜利不会远啦，路是能找到的。现在是一着不慎，满盘皆输！六弟啊，你和希仲跟习仲勋是同学，现在还是不要有联系为好！政治很复杂。"胡景铎和高桂滋四目相对，目光深沉。

习仲勋是胡景铎和胡希仲叔侄在立诚学校高小部的同班同学，比胡景铎年长一岁，出生在庄里镇南边淡村镇的一户贫苦农家，其时担任中共绥德地委书记。在立诚学校，追求进步、向往革命的共同志向使三个人结下了深厚情谊。立诚毕业后，习仲勋走上革命道路，发动两当兵变，和刘志丹等人一起投身创建陕甘边根据地，担任苏维埃政府主席，在中共中央和中央红军长征到达陕北后，先

后担任关中地委书记、绥德地委书记，被毛泽东赞誉为"从群众中走出来的群众领袖"，是从关中国民党统治区到陕甘宁边区众所周知的共产党。高桂滋的告诫确是肺腑之言，语重心长。

高桂滋和胡景铎都知道，蒋介石从来没有放下过消灭共产党，胡景铎的倾向是坚决反蒋，跟共产党走，而高桂滋的倾向是民盟①等组织和人士意图寻找到的中间道路。所谓中间道路，是抗战胜利快要到来的时候，蒋介石积极准备发动内战，民盟等政党组织和人士既不愿意走共产党的道路，也不愿意走蒋介石国民党的道路，意图在国共两党之间寻找并走出的一条道路，走上和平、合法、改良的道路，也称第三条道路，但是这第三条道路很快在蒋介石的子弹和屠刀下幻灭无踪了。

胡景铎和高桂滋在谈话中提到的于先生，即于右任，是国民政府监察院院长，提到的邓先生，名瑜，字宝珊，是国民党军晋陕绥边区总司令。这两位都是国民党的耆老名宿，也都和胡景翼情同手足。早年，反对北洋政府的时候，于右任是陕西靖国军的总司令，胡景翼是陕西靖国军

---

① 民盟是在抗日战争进入相持阶段后，蒋介石连续两次掀起反共高潮，蓄意制造了震惊中外的"皖南事变"，公然破坏国共合作、破坏抗日民族统一战线之际，国共两党以外的一些主张抗日的政党和人士为联合起来，坚持团结、民主、抗日而斗争所建立的一个政党组织，开始的名称是中国民主政团同盟，后改称中国民主同盟，在新中国成立后，成为八个民主党派之一。

的总指挥，邓宝珊和高桂滋等人都是陕西靖国军的将领。在他们几位面前，胡景铎自然是六弟。而第八十四师的师长徐子仁是高桂滋的女婿，年纪比胡景铎大了好几岁，虽然是顶头上司，但在六大人面前还属晚辈。

在二五二团驻地，胡景铎和李振华等人围坐在一张方桌前低声商议。方桌上铺着一层毡布，毡布上放着一堆麻将牌，李振华坐在胡景铎对面，一营营长张亚雄坐在胡景铎左首，特务连连长许秀岐坐在胡景铎右首。张亚雄浓眉大眼、身材魁梧。许秀岐和眉顺目、笑笑呵呵，手里抓起一块一块的麻将牌在捏摸着。李振华说："派了三回人都进不了边区，没办法联系，也没办法打听习仲勋在哪里，边界线上封锁得严严实实。"胡景铎说："看来胡宗南是要困死陕甘宁边区哩，算盘打得美。仲勋在哪里看来是没办法联系啦。九一八后，我拉起抗日义勇军，秀岐是队长，那个时候就计划上北山跟仲勋一起干，结果被缴了枪。这十几年我一直在外边，立诚毕业后和仲勋再没见过面，希仲和仲勋倒是有联系，希仲就是因为这个才被抓进监狱，师源送进来的人也早就和边区断了联系，咱千万要保护好！"李振华和张亚雄、许秀岐都点了点头。师源是胡景铎在立诚学校的校友。三八年胡景铎回关中接兵时，师源的共产党员身份暴露了，危急关头把他组织的一支抗日义勇军送进了胡景铎的三营，里面有他发展的几名共产党员。张亚雄说："实在不行把部队直接拉进边区，脱了这

一身皮！"胡景铎说："千万不能贸然行动，咱要是直接把部队拉进去，就会给胡宗南送上一份大礼，正好造成他进攻延安的口实，他就坐等这好事情哩。"张亚雄拿起一块麻将牌在桌子上摔了一下。李振华说："景铎，你拿主意吧，不能坐以待毙。"胡景铎沉默了片刻说："我让高军长离开部队，另谋出路，他总是下不了决心，熬煎得饭都不吃。他左不得右不得，咱也是左不得右不得，三十六计走为上。他不走，我走！这样，我先回庄里镇，就说受到排挤啦，但我还是团长，他徐子仁要动咱的人，振华你几个就推到我身上，没有我的命令谁也不能动，激起兵变就是他娃的事，我回去另谋出路，到时候把部队带走。振华代理团长，给方方面面来个软硬兼施，亚雄跟秀岐，还有振英和崇源，一定要注意稳住内部，保护好骨干。就这几天，振华你到底下去视察一圈部队，当面给振英和崇源叮咛一下。"振英姓李，是二营营长。崇源姓郑，是三营营长。二五二团下辖三个营，三个营长各有不同。一营长张亚雄勇猛过人，二营长李振英和蔼可亲，三营长郑崇源谨细入微。李振华说："这样可行，不过你回去了不能拖得太久。"张亚雄说："他有枪，咱也有枪！"李振华说："两手都要准备。景铎，你是团长，走前还是再去见一下军长，请个假，道个别，顺道给徐子仁做做样子。"胡景铎点点头。许秀岐没有言语，就看着胡景铎、李振华、张亚雄，听他们想办法、定主意，手里的麻将牌始终在捏摸着。

胡景铎和李振华、张亚雄、许秀岐在房子里面谈话，张颖玲就坐在房子外面的一个石墩子上，有一下没一下地嗑着瓜子，瞅一下这边，瞅一下那边，低一下头，抬一下头，百无聊赖。

抗战度过一九四二年最艰难的时期后，反共就成了蒋介石最心急火燎的事情。坐镇西安节制二十多万大军的胡宗南早已摩拳擦掌，急不可耐。在国民党统治区和陕甘宁边区长长的边界线上，铁丝网望也望不到头，碉堡工事一个接着一个，戴着钢盔、端着刺刀的国民党军士兵杀气腾腾、睥睨四方。

转眼已是寒冬腊月。冰冷的监狱走廊里，脚步踉跄的胡希仲昂着头、挺着胸向外走去，脸上挂着轻蔑的微笑，国民党官员宣读最高当局的手令和一番情意殷殷的言辞就回响在耳畔——"查胡希仲有千余枪支，准备在渭北策应共产党，仰即就地处置，不必押送重庆。""希仲贤侄，你是胡老大的独子，是党国的后代，前途一片大好，千万要洁身自爱呀！一定不能和共产党有任何瓜葛！要不是于先生和邓先生等老几位极力奔走，可真是回天乏力啦！"

胡景铎又去面见军长高桂滋，高桂滋还是坐在大办公桌后面的椅子上，双手抱着头，胡景铎还是坐在那张长沙发上，双膝并拢，面前的长条茶几上整齐地摆放着一份早饭——一碗小米粥、一碟咸菜、一个清炒洋芋片和两个蒸馍——没有一丝的热气，放得冰凉了。高桂滋抬起头，一

脸憔悴地看向胡景铎说："六弟，还是要顾全大局啊！"胡景铎无言以对，因为十七军要完蛋啦。

在固原过了一个不热不闹的春节后，张颖玲跟着胡景铎回到庄里镇，胡景铎心事重重，张颖玲也不高不兴。回来了，张颖玲才知道胡家男的女的都得劳动，主家相公做一样的事、吃一样的饭，啥啥不会的自己也当人用哩，不会就跟上学么。她的师傅是婆婆侯氏老太太，学的第一样家务是择菜，师傅教得亲，徒弟学得乖。

清晨，厨房门口的地上放着一堆刚割回来的韭菜，带着新鲜的露水。张颖玲跟老太太都坐在小板凳上，面对着面，左手都拿着一小把韭菜，老太太怎样择，她就学着怎样择。老太太说："韭菜好，可以和鸡蛋、豆腐、粉条包饺子、包包子、卷滋卷，还能拌面，香得很，就是肠胃不好的人要少吃。"张颖玲说："就是，就是。"老太太继续说："割一茬吃一茬，长老喽就不好吃啦！"张颖玲跟着说："割一茬吃一茬么，长老喽就不好吃啦！"老太太呵呵笑着，张颖玲也呵呵笑着。

回到庄里镇后，胡景铎和在家养病的胡希仲早晚都在一搭里，似乎有着说不完的悄悄话。这不，吃早饭呀，两个高晃晃才肩并肩地走进老太太居住的上房厅堂。

厅堂里，除了上首正中靠墙摆放着的一张方桌，还另外摆放上了两张方桌，早饭已端到了桌子上。早饭有四个菜，一盘洋芋片炒肉、一盘清炒绿豆芽、一盘麻辣豆腐和

一盘萝卜咸菜，主食是玉米糁子、韭菜包子和蒸馍，只在上首的方桌上多了两碗煎好的羊奶。老太太已经坐在上首方桌的左侧，满眼含笑地看着孙儿胡希仲走进来，走到自己的面前，恭恭敬敬地叫了一声"婆"，然后恭恭敬敬地坐在自己对面。老太太点了点头，答应着："哎！快坐下吃饭。"胡景铎和二哥胡景瑗、三哥胡景铨及几个男相公坐在一张方桌前，张颖玲和妯娌们等妇女孩子坐在另一张方桌前。老太太看见大家都坐到桌子前，拿起筷子却又放下来，转头对胡景铎说："老六，你今儿坐过来。"胡景铎连忙起身答应着："哎！"胡希仲也连忙起身坐到方桌的下首。胡景铎端着一碗玉米糁子走过来恭恭敬敬地坐到母亲对面。一大家子人开始吃早饭。老太太吃了一口菜，把筷子搁到桌子上，看着胡景铎说："你回来这一向啦，心里有个啥打算？跟你二哥、三哥把家里的事管着，不比在外头打打杀杀让人省心？一个一个跟着老大投军，家里吃饭这才坐了几个人？你说说。"胡景铎放下筷子，垂下双手，坐正身子说："妈，我听二哥说立诚现在没有一点儿学校的样子，赌博成风，影响坏得很，学生就不上课，有个娃把缴学费的两口袋小麦一晚上输得光光的，得管一下啦。"老太太说："唉！怪不得校长见不着面，教员见了我都躲得远远的。老二，你管着里里外外，不能啥事都面情软、老好人，没个规矩咋行？老三一天出出进进，光知道种地买地，把学校也不看一下？老四、老五都在部

队上，能指望个啥？老六回来啦，让老六管去，也有个正事干。"胡景瑗和胡景铨两个人都已在旁边的方桌前站起身，垂手听话。老太太说完了，胡景瑗躬身承应着说："是，妈说得是，从今儿起老六你就把学校管下，好好整顿，也太不像话啦，该换的人你就换，大胆管。"胡景铨也赶紧说："妈说得是，就让老六管学校，下茬管，管出个样子来。"胡希仲也搁下筷子说："上梁不正下梁歪，校长不像样子，学校才乌烟瘴气。"胡景瑗看向胡希仲说："仲娃子，跟上你六大出出主意，搭把手儿。"老太太没有再说话，胡景铨也没有再说话。其他人都在安静地吃着饭，只有张颖玲偷偷瞧了一眼自己的六大人。

春天来了，胡家后花园里百花吐蕊，芬芳袭人。吃过早饭的胡景铎和胡希仲又在并肩散步。走到几株盛开的牡丹花前，胡景铎说："这几个牡丹，还是你大去世后，河南的铁路工会派人送过来移栽好的，年年开花，一年比一年开得艳。"胡希仲说："河南人民记着我大哩，我大给铁路工人的题词就是'劳工神圣'，今天的国民党早已不是中山先生创立的那个国民党了。"胡景铎说："那个时候吴佩孚下令镇压工会，你大公开保护工人、支持工会活动，在顺德①火车站被铁路工人请上慈禧太后坐过的花车，就在花车上，他写下'劳工神圣'这四个字。北京政

---

① 即今河北邢台，一九二八年废顺德市，其辖区改归邢台。

变后，他电邀中山先生北上，践行他在日本时的诺言——他日打开北京，请先生北上主持国是。他在河南一仗打败刘镇华、憨玉琨，他的国民二军壮大到十数万之众，他坚决实行中山先生'联俄、联共、扶助农工'的三大政策，邀请李大钊先生到河南指导工作，还邀请苏联顾问帮助军事，他邀请、欢迎一切革命进步的人士到河南去帮助工作，有国民党，有共产党，还有日本、朝鲜的进步人士，现在八路军的高级干部邓小平、徐向前都在他的部队工作过，国民党方面人更多，有于右任、李烈钧、李根源、张群、张继，还有杜聿明、张耀明，许多人都是从黄埔军校毕业过来的。他走的是革命进步的道路，他反对的是军阀，是武人篡权妄为，是不革命，是镇压、屠杀革命。他赶到工会开会的现场，发表演讲支持革命活动。他是在支持工人、嘲笑军阀。他是要用革命的武装打败反革命的武装。他要是看到今天的国民党，非把这些新的老的半旧不新的军阀统统打败，赶下台去不可！"胡希仲说："我大在开封设立了五个招待所，专门接待各界人士和国际友人，我还跟着去过几回哩。他是中山先生的忠实信徒，也是共产党的真正朋友，他对李大钊先生始终执学生之礼，坦诚请教。他去世后，国民党中央执行委员会在公祭文中说，公于追悼总理大会中号啕痛哭失声，臂疽因而增剧，医药无效，遂以不起。是公之死，得毋以国难方多革新大业尚未成功，吾总理遽与世长辞，使吾民众骤失瞻依而忧伤过

度之所致耶？公昔归自东京，辞别于总理之前，曰：我打破北京时请先生入京。了了短语间，公之肝胆毕露矣。国民军入京后，公即电请总理北来，以践前盟，建国之业方可有为。公之所以报国亦即所以报党者，方将自此始。而吾党总理遽尔长逝，公之痛为何如耶？总理虽弃世，同人等方期与公恭承总理之遗教，实践总理之遗言，外抗强权，内除国贼，以恢复民族之自由，独立于世界。而公今又以壮年而中道崩殂，为吾党丧失总理后之一大损失，则吾党之痛又为如何也。"此时的胡希仲早已泪如泉涌。胡景铎接口背诵道："公临终之际，执友人之手，告以公之平生所自期以报国与党者，尚未尽其十一。知公之赍志以殁，当不瞑目，同人等唯有以继续努力于国民革命事业，势必达于成功而后已，慰我总理及公在天之灵也。掬诚致祭，肝肠为摧，英灵有知，尚其来临。"泪水模糊了眼睛，叔侄两人都没有开口说话。

良久，胡希仲说："我大留下的诗歌、文章、日记，我天天在看，天天在默诵，坐在国民党的监狱里就是这样过来的。"胡景铎说："今日的国民党实乃独裁者的统治工具，真正继承、实践、发扬三民主义的是延安，不是南京，也不是重庆。从中山先生的三民主义、三大政策到苏维埃，到社会主义和共产主义，这就是中国革命几十年来找到的道路，有人革命，就有人反革命。"胡希仲说："胡家还是有人不齿蒋某人的！"胡景铎说："我思谋了一个地

方，说远也远，说近也近，你五大在那里经营多年，有人有枪，还有邓先生照应，你意下如何？"说着话，胡景铎举目遥望北边的山峦和山峦上澄净的天空。胡希仲也遥望北天，连连赞叹："好地方！好地方！"胡景铎说："都是陕北，到了榆林，离延安就不远啦。"胡希仲说："是啊，是啊！您六大人在固原受了气，胡老大一手创建的部队焉能没有胡老六的容身之地？侄少爷这就为您鞍前马后去耶！"两个人哈哈大笑起来。

胡老六和胡大少实在是胡家的两个"不安分子"。在立诚中学高小部上学时，叔侄两个和来自贫苦农家的习仲勋是同窗好友，一起走出学校宣传革命，斗争恶霸地主。高小毕业没有几个月，习仲勋就因共产党嫌疑被抓进监狱，关押在西安城里的军事裁判处，胡景铎和胡希仲被家里送到南方的苏州，进入教会学校读书，离开陕西，彻底断绝叔侄两个闹革命、当共产党的心思。教会学校里满是西洋风格和西方文化，有尖尖的塔楼，有高高的拱门，有一根根修长的大石柱，老师多是传教士，上课都是英语，叔侄两个跟不上，也不习惯，就休学在校外补习英语。走过白墙黛瓦、亭台楼榭的江南风物，叔侄两个走到了上海，听见了汽笛声声，看见了高楼入云，见到了旅居此间的陕西著名社会活动家杨明轩。杨明轩曾在陕西靖国军创办的学校里任教，对胡景翼深为敬佩。在杨明轩的寓所内，胡景铎和胡希仲等青年学生接受了共产主义启蒙，

知道了马克思、恩格斯、列宁和斯大林，读到了《共产党宣言》，听说了一个幽灵在欧洲已经游荡了半个多世纪，现在已经游荡到了多灾多难的中国，看见了一副近视眼镜上面，那高高亮亮的额头里装满着的真理火花。九一八后到南京请愿，蒋介石下令军警用棍棒驱赶学生，胡景铎带着胡希仲等人冲出包围，身上都挨了几棒子，后被棍棒赶出了南京，胡景铎先被叫回陕西。胡景铎一回到家中就拉起一支抗日义勇军，抗日义勇军被三哥胡景铨和四哥胡景宏下令富平民团缴了枪，他被押送陕西省政府主席杨虎城管教。杨虎城亦是陕西靖国军的将领，自是兄长。其时，习仲勋发动了两当兵变，被四处抓捕。杨虎城做主，将胡景铎强行送到北京去抗日一线游历，允许带上他的抗日义勇军的第一个兵许秀岐，就是不能留在陕西。胡希仲随后也被叫回陕西，训诫一番又送到了苏州。在北京，胡景铎和许秀岐加入了在古北口抗战的二十五师，胡景铎从士兵干到班长，从班长干到特务连教育副官，还结识了共产党的地下交通员刘秉麟。二十五师中清查共产党，胡景铎和许秀岐愤而回到陕西。适逢五哥胡景通去榆林赴任，胡景铎和许秀岐又被武装同行，在榆林强迫读书一年。后许秀岐被强行留在榆林当兵，胡景铎被再次送到苏州去读书，离开陕西，和许秀岐分开。胡景铎再次到苏州，胡希仲因为掩护刘秉麟被第一次抓进监狱，饱受折磨。胡希仲被保释出狱后，叔侄两个面见了于右任、杨虎城、杨明轩，于

右任和杨虎城安排胡希仲到日本疗养，杨明轩和刘秉麟都鼓励胡景铎利用长兄胡景翼的关系打入军队掌握武装，留在党外为党做工作。自此，胡景铎有了革命的方向，走上了革命的道路，进入了高桂滋的第八十四师，也就是后来的十七军，结识了志同道合的李振华、张亚雄等人，许秀岐也闻讯归来，在抗日一线打出了胡营愣娃的威名。在中条山抗战中，胡景铎带领胡营愣娃据守垣曲县坡坡岭阵地，抗击日寇一个联队三千多人的轮番进攻。天上飞机来来回回投掷炸弹，地上十余门大炮不断吼叫，牛头马面释放毒气弹，将士们视死如归、顽强战斗，打了整整一个白天，日本鬼子最终大败而去。在庄里镇拉起一个营的胡希仲也率部到了中条山，加入第八十四师序列，由胡景铎组织训练、指挥作战。后胡景铎赴成都深造，胡希仲回陕西养病，由李振华代理营长，之后就成了二五二团，到了固原。现在，两个"不安分子"都回到庄里镇，外面还遥控着一个团的武装，家里人可都悬着一颗心。

在胡家后花园通往前面院落的角门处，老太太就站在那里静静地看着有说有笑的大孙子和小儿子。这些，拿着一把笤帚又在院子里扫地的张颖玲都悄悄地看在眼里。

早晨，庄里镇外，一辆马车在宽阔的官路上向南驶去，官路两旁是一片片金黄的麦浪，在一阵阵清风中起伏。

胡景铎到西安拜访杨明轩先生，听取他对北上的意见，并请他帮助自己整顿学校。自从上海受教以后，只要

有机会见面，杨明轩总是给胡景铎以殷切的鼓励，每一次都留下了深刻的印象。杨明轩说："景铎，北上的想法是正确的。一则明面儿上有邓宝珊和你五哥看着你，你家里也就放心了，阻力就变成了助力；一则离延安近，仲勋就

杨明轩

在绥德担任地委书记。这些年你掌握了一个团的力量，这是很不简单的，搞革命还是要靠枪杆子，二五二团的骨干力量都要想办法脱离固原，有了骨干，部队就会再次壮大起来。整顿立诚学校，一个是要有进步的校长和进步的教员，头带好了，事情办起来也快；一个是要德智体美劳五育并重，不可偏废。校长嘛，你去拜会一下朱茂青先生，他是陕西教育界难得的青年才俊，已经加入了共产党。教员可以拜会一下李一青、王愚若……"杨明轩认真讲，胡景铎认真听。

杨明轩早在大革命时期就加入了中国共产党，出任过陕西省教育厅厅长等职务，"四一二"蒋介石叛变革命后，杨明轩被捕入狱，与组织失去联系，后在上海等地任教，

投身抗日救国运动，曾在西安事变后秘密去延安，受到毛泽东等人的接见，这时正在西安筹建中国民主同盟西北总支部。杨明轩推荐的几位先生里，朱茂青和李一青都是共产党员，王愚若做过富平县的教育局局长，因看不惯蝇营狗苟而辞去官职受聘立诚任教。立诚校风日坏，王愚若也郁郁寡欢。

在一身西装的朱茂青先生的引领下，胡景铎走进了位于西安南郊的兴国中学。偌大的校园秩序井然，安静而敞亮，严肃而活泼，老师讲课的声音此起彼伏，学生回答的话语清脆洪亮，宛如徜徉在知识的海洋中的一叶方舟。在一方木桌前，对着两碗茶水，胡景铎和朱茂青一见如故，开怀畅谈。

在渭北泾干中学大门外，胡景铎静立道旁，耐心等候着正在给学生上体育课的李一青先生。

泾干中学的操场上，身手矫捷的李一青站在一个木马旁边照应着，学生们在一个接着一个跑动、踏跳、跃起、分腿、推马、腾空、落地，有的一跳而过，有的跑到跟前张开双手抱住木马，有的就一屁股骑坐在那里，惹得一片哈哈大笑。

回到庄里镇，胡景铎走进立诚学校，走进寂寂无声、落尘寞寞的藏书楼，沿着楼梯走上二楼。二楼上，一身灰布长衫的王愚若正在躬身翻找图书。胡景铎立定身姿，向王愚若抱拳问候："王先生，您原来在这里。"听到问候声

的王愚若回转身来赶紧向胡景铎抱拳还礼，说道："原来是六大人，失迎失迎！"胡景铎说："王先生，您是立诚的先生，我是立诚的学生，我无缘蒙您传道授业，但不管走到哪里您都是先生，我都是学生。"王愚若拍了拍手上的灰尘，看着胡景铎，不无伤感地说："老六啊，这是胡老大一手创办的学校，是革命进步的育人圣地，不是乌烟瘴气、走狗斗鸡的花天酒地，唉！这满架子的书，谁还记着哩？"胡景铎垂着双手，跟在王愚若身侧，恭敬认真地察看着架子上一本本珍贵的书籍。书籍上、架子上，蒙着一层灰尘。

深夜，胡景铎给李振华写了一封信，寥寥数句，字字斟酌，张颖玲就坐在旁边出神地看着写信的丈夫，两只眼睛睁得圆圆的。

胡景铎　　　　　胡希仲　　　　　李振华

深夜，胡希仲给父亲的一位老部下写了一封信，信中

说:"六叔父景铎在民国二十二年起驻防古北口投身长城抗战,迄今十余年在外掌兵,驰骋察哈尔、河北、山西抗日一线,浴血战斗,痛歼日寇,打下'胡营愣娃'赫赫威名,因功累迁至上校团长,更入中央陆军军官学校高等教育班受训一载,前在固原多蒙冤屈,愤而回到家中,闲坐无事,祖母熬煎。仰伯父大人在省府代为说项,希能到陕北戍边,有邓先生和五叔父景通在旁随时指教,祖母也能安心。"

清晨,立诚学校大门右侧的校牌已经焕然一新,"立诚学校"四个黑色的颜体大字古朴鲜明,厚重刚毅。

校园外,一名老师正在给白灰重新粉刷过的外墙书写标语——"抗战必胜,读书救国"。

胡景铎离开固原后,第八十四师师长徐子仁盯着二五二团搞反共,调人换人,捕人杀人,只见他的命令在执行,不见他的人能说话。二五二团驻地有一座关帝庙,关帝庙里,关老爷一手持定青龙偃月刀,一手轻抚三尺美长髯,正义千秋,威风凛凛。李振华带着张亚雄、李振英、郑崇源和许秀岐等二十余人在关老爷面前歃血为盟,准备起义。地上的三排碗里倒满了鸡血酒。李振华端起一碗酒,众人也都端起一碗酒。李振华说:"徐子仁今天抓这个,明天杀那个,二五二团眼看就要完啦,胡营愣娃就要成胡宗南的炮灰啦。不能坐以待毙!喝了这碗鸡血酒,我们的头就绑在一起。各人回去后马上做好准备,随时等

待我的命令，统一行动，一营直接扫掉徐子仁的师部，二营和三营掩护警戒，不要恋战，掉过头把部队拉进陕甘宁边区，干！"众人齐声应道："干！"鸡血酒干了，酒碗狠狠地摔在地上。

又一个清晨开始了。立诚学校内，两层十三间教学楼前的大操场上，朱茂青先生正在给全体师生讲话——"各位校董、各位老师、各位同志，同学们：立诚学校是胡笠僧将军在一九二〇年亲手创办的，具有光荣的革命历史。胡笠僧将军一生爱国爱民，赤胆忠心，整军经武，追求进步。他联合冯玉祥、孙岳两位将军发动了震惊中外的首都革命，也叫北京政变，把贿选总统赶下了宝座，把满清逊帝请出了紫禁城，邀请孙中山先生北上主持国是，他是孙中山先生'联俄、联共、扶助农工'三大政策的忠实践行者，是中国革命的先驱和元戎。一九二五年四月，在孙中山先生辞世不及一月，胡笠僧将军不幸在河南病逝。他虽英年早逝，但他的精神永存，他的光辉业绩永垂青史！立诚学校的二十一字校训——'阐发最新的学说，陶冶理想的人格，创造健全的社会'——就是胡笠僧将军亲自拟定、亲笔书写。"讲到这里，朱茂青的左手向左后方用力挥起，那里，胡景翼手书的二十一字立诚校训就镌刻在两层十三间教学楼二楼正中的门楣上，师生们的目光齐刷刷地看了过去。朱茂青继续讲话："今天，二十多年过去，一批批青年才俊就是在这里，在

十三间楼里①，在二十一字校训下刻苦读书，成长进步，走上救国爱民的道路。今天，能够出任立诚学校的校长，有幸和大家一起学习、一起工作、一起进步，实在是我个人的荣耀……"胡景铎和二哥胡景瑗、侄儿胡希仲同教员们一起站在朱茂青身后，面向学生，王愚若站在胡景瑗和胡景铎中间，胡希仲挨着胡景铎，李一青站在胡希仲旁边。参加大会的学生按班级排列成整齐的方队站立在朝阳下，每个人的神情和目光越来越专注，越来越肃穆。

在固原二五二团驻地的一棵大槐树下，副团长李振华的妻子闫玉儒坐在一个小板凳上，手里拿着一本书翻看着。

大槐树旁边的房子里，李振华把一封信交给张亚雄，张亚雄看后又交给许秀岐，许秀岐看后又交给李振华。信只一页，不足百字——"振华吾弟：家中诸事已举措妥当，当归队有期。军中时时勿使松懈，还望吾弟勤加训导。五哥景通当有擢升之喜，愚兄深为汗颜。另，盼秀岐归来，送希仲赴榆。其他均好。甚念。景铎。"许秀岐看着李振华，没有言语。张亚雄说："今儿就开始走！"李振华说："分头走，把可靠的人都带走！"三个人中，许秀岐从少

---

① 立诚学校内的教学楼高两层，每层十三间，师生们习惯称之为十三间楼。

年时起就和胡景铎形影不离，胡景铎回家，许秀岐也回了胡家，胡景铎离家，许秀岐也离了胡家，信中"盼秀岐归来"几个字的真实含义是告诉李振华下一步北上榆林，盼速回庄里镇。

清晨，从立诚学校传出一阵阵清脆、嘹亮、悠远的歌声：

> 列翠兮锦屏，怒吼兮石川，陵怀故里，胡公居廛，我校堂舍，巍峨于前；愿济济多士，保持纯洁思想，贯彻总理主张。

从未听到过的歌声一下子吸引住了街巷里早起的人们，也一下子吸引住了胡家大院里拿着笤帚在打扫院落的张颖玲，她不由得停下手中的活计，回转身望着学校的方向，屏住呼吸凝神倾听。

一间教室里，师生们在上语文课，十六岁的张颖玲坐在第一排正中间的那个座位上，有二十多名男生，有七八名女生。讲台上，一位男老师手捧一本打开着的书站在那里逐字逐句地讲解着，黑板上是几行清晰漂亮的板书——"好的故事，鲁迅。我在朦胧中，看见一个好的故事……"张颖玲睁着圆圆的大眼睛紧紧地盯着黑板上的字，全神贯注地在听着、听着、听着，黑板上的字变得有些朦胧了。忽然，老师手里的书本扬起，封面上竖印着四个大大

的楷体字——初中国文，还有三个小一点的楷体字——第一册。

胡家后花园里，胡景铎和胡希仲也在驻足倾听，在身后不远的地方，是已经扫到了一堆的垃圾杂物，和一把大笤帚、一把平口铁锨。

金色的朝阳下，立诚学校全体师生在操场上合唱刚刚创制的校歌：

陶冶智力，发扬国光，雪洗百年仇耻，收复旧有疆场；莫作白面书生，束在高阁上！莫作白面书生，束在高阁上！

一位留着齐肩短发的年轻女老师站在合唱方队前挥洒自如地指挥着，朱茂青校长和王愚若、李一青等教员就站在合唱方队最后一排的中间。

三、北　上

秋天，胡家后花园旁边的大场上堆放着小山一样的玉米棒子。张颖玲跟着婆婆和妯娌们在剥玉米，把玉米棒子的外壳剥去，拿锥子隔三岔五地戳下一行玉米粒，再把戳过了的玉米棒子上面的玉米粒一一剥下。二大人胡景瑗和三大人胡景铨带着六大人胡景铎及几个男相公不断把没有剥的玉米棒子从外面拉回来，把剥下来的玉米粒摊开在空地上晾晒，大少爷胡希仲拿着木耙子在来回翻搅着。镇子里堆满了玉米棒子，家家户户都在收割玉米。

一个斜挎长枪的士兵从东关高声叫喊着跑过来——"六大人调到陕北去啦！六大人调到陕北去啦！"士兵身后跟着一辆军用吉普车。士兵跑进了胡家。

后花园里忙碌的人都听到了士兵的传报声，纷纷放下手中的活计，看向声音传来的方向。士兵的传报声到了上房前的庭院里。大家的目光又都看向老太太。张颖玲看了看胡景铎，也看向老太太。老太太手里拿着玉米棒子，抬头看了一眼胡景铎，又看了一眼胡希仲，再看向胡景瑗，

说:"老二,你领着老六去招呼一下,生下来就是当兵的命!"二大人和六大人齐声答应着——"哎"——一前一后走了过去。胡希仲放下手中的木杷子,也跟了过去。老太太又疼爱地看了一眼胡希仲,没有说话。剩下的人又各司其职地忙碌起来。胡景铨把一筐子玉米粒摊开在空地上,一边拿木杷子翻搅着,一边说:"从来都是这,想干啥就干啥,谁都改变不了!这下就看老五啦,一下上去俩,够喝一壶的。"老太太剥着玉米,眼睛就盯着玉米。张颖玲偷偷斜了一眼三大人,又偷偷看了一眼老太太,赶紧劳动。

上房的厅堂里,胡景瑗和一名年轻军官分站在上首那张方桌的左右——吃饭时才摆放的另外两张方桌已经收起——胡景铎和胡希仲站在一旁靠墙的两把椅子前。茶水和香烟已经摆在桌上,一支烟卷就搁在桌子的右边,还没有点燃。年轻军官打开一份任命状在宣读:

兹任命胡景铎为陕北保安指挥部副指挥官,准其在关中富平、蒲城招收两营新兵后即赴陕北波罗堡就任。此令。

陕西省政府
陕西省保安司令部

胡景瑗和胡景铎、胡希仲都抱拳向年轻军官致谢。胡

景瑗说:"世兄一路辛苦,舍下已略备薄酒,不成敬意!"年轻军官恭敬地把任命状双手递交给胡景瑗后也抱拳祝贺,说:"二大人您客气啦!上峰让一定转告您,说六大人本来还要兼骑六师的副师长,这不正在合编调整嘛,骑六师要裁撤,五大人已经升任二十二军副军长,骑六师师长的担子也要卸下来,六大人抗日有功,到了陕北还要高升,小侄还多多仰仗二大人、六大人和大少爷哩!"说着话,年轻军官抱着拳又逐一看向胡景铎和胡希仲。胡景铎谦让道:"世兄过誉!过誉!"宾主在一阵笑声中落座饮茶。

陕北保安指挥部招兵办事处的大牌子在庄里镇东关街道上挂了出去,办事处的院子出出进进,你来我往。一众青年农民和青年学生把胡景铎和胡希仲叔侄围在中间,热烈地谈说着。从固原回来的李振英和郑崇源坐在两张桌子前给报名的新兵登记。一个名叫雷子扬的青年学生挤到最前面,和李振英热络地攀谈着,雷子扬伸过来一张白净的笑脸,李振英仰起一张鳖黑的笑脸,笑脸迎着笑脸。郑崇源握着一支纤细的毛笔在书写新兵的姓名、年龄、籍贯等,一笔一画,一丝不苟。旁边,几名士兵在给已经登记过的青年分发军装。

陕北保安指挥部蒲城接兵大队的大牌子挂在蒲城县城南边一个街镇上,李振华就站在大牌子前向围观的人群作动员演讲。李振华说:"日寇已经占领了大半个中国,东

北、华北、华南的人民在日寇的铁蹄下饱受蹂躏，我辈青年怎能苟且偷生、偏安一隅？不把日本人赶出中国，我们都是亡国奴，我们的子孙后代都是亡国奴。我们的长官是富平庄里镇胡家的六大人胡景铎，就是胡老六，我们是他的部下和战友，就是大家说的胡营愣娃。我们在察哈尔、在河北、在山西，在长城、在中条山抗击日寇，弟兄们都是浴血战斗、誓死报国，没有临阵退缩的，没有投敌叛国的，没有一个孬种！现在，六大人胡景铎出任陕北保安指挥部副指挥官，奉命在富平、蒲城两县接收新兵北上。当兵，就要跟上一个好长官。当兵，是为了报国，是为了杀敌，是为了活出一个中国人的样子来！"众人热烈鼓掌。李振华身后的院子里，张亚雄和许秀岐带着几名士兵给应召入伍的青年进行登记、分发军装。

冬去春来，陕北保安指挥部在富平、蒲城两县招收了六百多名新兵，从固原返回了骨干力量四百多人，兵力达到一千多。

过了十五才算过完年。第一批北上的将士定在正月十六出发，这是他们中间许多人的第一次离家远行。清晨，石川河畔，胡景铎作出发前的动员讲话，李振华和张亚雄、许秀岐等人站在队伍前列，队伍旁边站着一个小脚女人，小脚女人怀里还抱着一个两岁多的女孩，那是许秀岐的妻子和孩子。胡景铎说："当兵不是为了吃个肚子圆，混几个军饷，穿上一身皮欺压老百姓，也不是为了拿钱卖

命给军阀当炮灰！我们都是青年，都是关中子弟，是父老乡亲养育了我们。当兵是要保家卫国，为国家、为百姓去流血牺牲。我们'胡营愣娃'不是混出来的，是在和日寇的一次次战斗中流血牺牲赢来的，是实打实打出来的！中国军人要牢记八个字——驱逐日寇，保家卫国！"李振华挥舞拳头领喊口号："驱逐日寇，保家卫国！"将士们挥舞拳头高喊口号："驱逐日寇，保家卫国！"胡景铎继续讲话："今天出发，北上波罗堡，是一次长途拉练，也是一次意志的考验，要经过甘肃、宁夏、内蒙古，行程两千多里。开弓没有回头箭，向前就是胜利，倒下就是孬种！有没有胜利的决心和信心？"将士们齐声回答："有！"胡景铎下令："出发！"在李振华和张亚雄带领下，长长的队伍迎着朝阳远去。

二月二，龙抬头，龙王降雨贵如油，天子耕地臣赶牛。第二批北上的将士就定在二月二出发。清晨，石川河畔，胡景铎作出发前的动员讲话，胡希仲和李振英、郑崇源等人站在队伍前列，张颖玲就站在队伍旁边。胡景铎说："当兵在过去叫投军，就是跟着关老爷千里走单骑，过五关斩六将，一柄青龙偃月刀威震华夏，就是跟着岳元帅精忠报国，'壮志饥餐胡虏肉，笑谈渴饮匈奴血。待从头，收拾旧山河'！现在，日寇占领了大半个中国。我们誓死不当亡国奴，我们中国人是有骨气的，我们中国军人是有血性的，我们不怕流血，我们不怕牺牲！"李振英挥

舞拳头领喊口号："驱逐日寇，还我山河！"将士们挥舞拳头高喊口号："驱逐日寇，还我山河！"朝阳下，第二批将士迈着矫健的步伐沿着石川河畔向起起伏伏的北山进发，胡景铎铿锵有力的讲话回荡在大地山河上——"这是一次长途行军，目标——陕北波罗堡，要过几个省，要穿越沙漠，要翻过长城，要令行禁止、步调一致，要风雨无阻、勠力同心！"

张颖玲是北上的两个家属之一，许秀岐的家属是第一批，她是第二批，而她的好姐妹闫玉儒从固原回来后就进了蒲城一所中学读高中。胡景铎讲得慷慨激昂，路上走得也慷慨激昂。因为，路越走越长，越走越冷，越走风越大，风里都是沙子，都是雪点点子。春天么，从二月走到三月，从南走到北，看不见春暖花开，一天一天走在天寒地冻里，走在风来风去里。张颖玲实在羡慕闫玉儒，她咋恁聪明，咋就知道坐在教室里，不跟上受这份罪。还是团长夫人哩，连个士兵的待遇都没有，士兵还能买老乡一块带毛的羊皮裹在棉袄上，自己那个半截子呢绒大衣，套在棉袄里面太宽、太大，套在棉袄外面太窄、太短，根本没法穿。胡景铎倒是想得周到，走着走着拿来一身棉军装，还有一个棉军帽，棉衣套棉衣，大小刚合适，棉帽摞棉帽，个子都高了一截子，幸好没有给拿一双棉军鞋来，要不然棉鞋套棉鞋脚都迈不动啦。这就跟上当兵啦，真是美得太太，白天走，黑喽歇，光知道走啦，谁也不笑话

谁。走么，还早着哩，不是说要走两千多里么。许秀岐的家属都走啦，那还是个小脚，还抱着一个娃。许秀岐就给拉了一头驴，抱着一个娃在驴背上从早坐到黑也是活遭罪，还不如走着暖和。小脚么，跟不上，只能骑。张颖玲跟着士兵的脚步一下一下朝前走，胡景铎不知道走到头哩还是走到后头去啦，倒是张金生拉着马走在跟前，还让她拽着马尾巴。笑话人哩么，谁还不会走路？都走么，目的地就在前头，上一个坡下一道沟么。张颖玲瞪大着圆圆的眼睛，不叫苦，不叫累。

途经固原，十七军的老同僚设宴款待胡景铎一行，张颖玲和胡希仲都参加了，张颖玲美美吃了一顿好饭，胡希仲谈笑风生，胡景铎和老同僚把酒言欢，宾主尽兴。

穿越毛乌素沙漠前，郑崇源带领几名士兵采买了大米，雇好了骆驼。

进了毛乌素沙漠，向导牵着骆驼走在前面，骆驼驮着大米，不急不慢，一蹄子一蹄子地朝前走，长长的队伍跟在骆驼蹄子后面，走过一个沙丘接着一个沙丘，翻过一个沙梁梁又是一个沙梁梁，全是沙子，净刮风，也不知道歇个乏，都走傻了。风沙比刀子厉害。刀子是一把一把，看得见躲得开，风沙是一把一把，能看见躲不开，低着头缩着脖子把眼睛和脸都藏在棉帽子后面，人都成了沙子疙瘩啦。张颖玲庆幸套了两身棉衣，穿得圆圆堆堆、瓷瓷实实，不然在沙梁梁上让风都刮走啦。张金生牵着马缰绳，

马上了沙梁梁把头一摆，张金生就飞了起来，把马都给拽倒啦，人仰马翻么，别着两把盒子枪就张得飞上天啦。

部队在一个小庙前停下来，歇在庙外面。在向导指引下，士兵拿着铁锹挖水。水很浅，就在沙子底下，是泥汤汤子水。炊事兵用沉淀了一下下的泥汤汤子水熬大米稠饭，熬好的大米稠饭也顶风冒沙，看不出个饭样子。张颖玲的帽子上、衣服上和脸上都是沙子，一双眼睛瞅着沙子底下的泥汤汤子水，再瞅着碗里的大米稠饭，胡景铎和士兵们竟然吃得香香的，头都跌到碗里了，吧嗒吧嗒的，管他哩，先填饱肚子再说，张颖玲也坐在庙前的台子上吧嗒了起来。

吃了饭就睡觉。张颖玲和几个生病的士兵睡在庙里头，人挨人坐着睡，眼睛刚闭上就被叫起来继续走，天亮

毛乌素沙漠

了，走么。

在沙漠里从西向东整整走了十天。第十天的午后，总算看见了弯弯曲曲的无定河，看见了又长又高的长城，看见了又高又大的波罗堡。红彤彤的太阳移到了队伍的后面，波罗堡披着一层霞光。士兵们都振奋起来，都喊起来，都跳起来，都跑起来。张颖玲也喊起来，跳起来，跑起来。看啊！波罗堡到啦！

从庄里镇到波罗堡，走了四十四天。

波罗堡矗立在无定河南岸的黄云山——一个不大的山峁——之上，是明代长城三十六堡之一。其时，陕北保安指挥部和二十二军骑兵第六师师部就设在这里，两个机构一套人马，指挥官和师长胡家五大人胡景通即将到榆林赴任二十二军副军长，只等六大人胡景铎到来。"波罗"是佛家词汇，梵语的直译，是光明、美好的世界的意思。传说如来游历东土，接引众生，在黄云山朝着无定河一面的石崖上留下一双足印，其后便有了造像石窟，便有了名曰接引的寺庙，到了明代就有了波罗堡。

波罗堡

黄昏，波罗堡内一户人家院子里，胡景铎和张颖玲在招呼几个士兵抬行李、收拾屋子，五大人胡景通大步跨了进来，瞪着眼睛呵斥道："你俩胆太大啦！你俩就给我把家分啦?!"胡景通身形高瘦、目似火烧，背负双手，怒不可遏地站在院子中间，身后跟着一个斜挎双枪、猿背蜂腰的军官。胡景铎闻声立正敬礼。几个士兵也抢着放下手里的东西立正敬礼。张颖玲站在一边睁大眼睛怯生生地问："五哥，分啥家哩？"胡景通看了一眼张颖玲，语气和缓下来，说道："人还没来就另找下院子，故意不跟我住？搬过去！"胡景铎回答："是！"几个士兵慌慌忙忙又往外搬行李。

波罗堡内地势东高西低，东边街巷纵横，房屋相接，西边是一个空空荡荡的大操场，大操场边上是一块一块的田地。一条巷子里，胡景通领着胡景铎和张颖玲快步走过。

波罗堡梁家大院是一个坐北朝南，有着门房、东西厢房和上房的宽敞规整的院落。院子里，几个士兵在房东梁大嫂的引导下把行李搬进东边的两间厢房。院子中间，胡景通对站在面前的胡景铎和张颖玲吩咐着："我住在西边的厢房，你两个就住东边的厢房，尤景春挨着我住西边的门房，东边的门房是我的警卫员。我到榆林后，老六你的警卫员就住进去，梁大嫂一家住北边的房子。"胡景铎和张颖玲顺着胡景通的话打量着院子和院子里的人。尤景春

就是跟在胡景通身后的军官，职务是特务连连长。梁大嫂转过身朝张颖玲笑了笑没有说话，挪动一双小脚又张罗起来。胡景通的目光停留在胡景铎身上，继续说："你两个就住到屋里，不要出去，这儿能住下！"胡景铎保持着立正姿势，回答："是！"胡景通又看向张颖玲，说："到了部队上，吃穿用都有军需管着，不用自己操心，自己想开小灶你熟悉了再慢慢去置办。明儿起来早些，扫院子、砸烤火的煤、收拾屋子是你的事。"张颖玲认真地听着，眼睛盯着地面，双脚并拢一起，两只手不由自主地揉搓着衣角，不敢抬头，又生怕遗漏了一个字。梁大嫂的一双小脚走得一点儿都不慢。三月都快完啦，还得砸烤火的煤，把人都能冻死！胡景铎当的这个副指挥官还真是个好官，

梁家大院

指挥官凶哩很么，嘿嘿，凶他不凶我。胡景通朝大门外喊了一声："尤景明！"随着一声响亮的报告——"到"——一个眉清目秀的士兵从外边快步跑了进来，向胡景通立正敬礼，紧接着转向胡景铎立正敬礼，报告说"副指挥官"。胡景铎立正还礼。胡景通向胡景铎吩咐道："这是我的勤务员，叫尤景明，是尤景春的兄弟。小伙子很不错，就给你当勤务员。"胡景铎回答："是！"

作为军人，胡景通是胡景铎的顶头上司，军中无戏言，军令如山倒；作为弟兄，五大人是六大人的哥哥，一母同胞，手足之亲，更肩负管束匡正之职。十几年前就把老六在自己眼皮子底下看管了一段时间，还有那个许秀岐么。这一回许秀岐上来就给老六另找了一个院子，可都看在眼里啦！孙猴子还能逃出如来佛的手心心？胡景通成竹在胸，当然也不敢有丝毫大意。

当天晚上，胡景通召开会议，欢迎胡景铎就任副指挥官，对原有官兵和新来官兵进行了重新编排。陕北保安指挥部设在波罗堡里一座古老的建筑——参将府——里面。参将府大厅内灯火通明。胡景通坐在一条长桌一端的主位上，眼睛盯着悬挂在长桌另一端墙壁上的军事布防图。其他人分坐两侧，胡景铎和胡希仲、李振华、张亚雄、李振英、郑崇源、许秀岐等坐在一侧，政训主任方明杰、军需主任谢正伦、保九团团长林峻豪、保九团副团长秦悦文、保九团第一大队大队长姚绍文、第二大队大队长吴凤

德、第三大队大队长郝智武等坐在另一侧，每个人都坐得笔直，军帽整齐地摆放在面前，形成两条直线。参谋主任温养礼站在军事布防图前，拿着一根教鞭讲说着："陕北保安指挥部原来和二十二军骑兵第六师合署办公，下辖三个团，现缩编为一个保九团，骑兵第六师的编制下一步也要裁撤。缩编后，陕北保安指挥部直属一个特务连、一个迫击炮连、一个补充大队和一个剧团，下辖一个保九团，有三个大队十二个中队和三个机枪中队，其中三大队驻防波罗堡，二大队驻防高镇，团部和一大队驻防石湾，从北向南，一字排开，同时，节制二十二军驻防波罗堡外的一个骑兵连，驻防横山县城的一个独立骑兵团，驻防海流兔庙的一个骑兵搜索连、一个骑兵连和一个补充连，共有兵力四千多人，加上副指挥带上来的一千多人，达到五千多人，占晋陕绥边区总兵力的五分之一。指挥部所属部队防线南北长达二百多里，是榆林西南的屏障，战略位置非常重要。"说到这里，温养礼双脚并拢，立正身姿，"指挥部决定，张亚雄任保九团团副兼一大队大队长，姚绍文任指挥部参谋，丁彦荣任一大队三中队中队长，许秀岐任一大队机枪中队中队长，李振英任三大队第十中队中队长，郑崇源任三大队机枪中队中队长。宣布完毕。"温养礼返回长桌挨着政训主任方明杰坐下。胡景通开始讲话："振华能文能武，带兵打仗和做参谋工作都是一把好手，亚雄作战勇猛、作风硬朗，是一员猛将，我也久闻你们的大名。

亚雄到石湾去，跟着峻豪干，石湾在最南边，一过去就是共产党的陕甘宁边区，这是强强搭配，加强桥头堡。振华先准备骑六师裁并的一摊子事情。希仲是晋陕绥边区总司令部参议，明天和振华跟我到榆林。绍文原先就是老六给我推荐的优秀参谋人才，这一次从大队长晋升指挥部参谋，虽然把一大队长的位子给亚雄腾了出来，但不是明升暗降，是提拔重用，指挥部这一摊子事从今儿起就交给养礼和绍文啦。"说到这里，胡景通轻轻咳了一声，目光扫视众人，胡景铎神情肃穆，温养礼气定神闲，姚绍文目视前方，其他人端坐如常。胡景通继续讲话："副指挥官胡景铎，是我六弟，在山西抗战数年，能打仗，以前在十七军是二五二团团长，现在到了陕北，我到榆林去后，代理我的指挥官。诸位都要尽心帮衬着，都是党国军人，也都是自家弟兄，胳膊肘不能往外拐，一定要把兵练好，把防线守好。谁要是犯迷糊，那是要人头落地的！"五大人胡景通的讲话张弛有度、入情入理、一板一眼地敲打在高墙深院的参将府内。

姚绍文原在胡景铎的三营任营副，同胡景铎、李振华、张亚雄等人情谊深厚，因不满蒋介石排挤杂牌军，顶撞得罪了上峰大员，不得已带着胡景铎的信到了陕北波罗堡，在五大人胡景通麾下任职，干到了大队长。现在，胡景铎到任副指挥官，带着李振华、张亚雄还有许秀岐上来了。把姚绍文的第一大队大队长腾出来给张亚雄，给张亚

雄再加一个团副，姚绍文升了指挥部参谋，都给升了职，安排很是精当。温养礼和方明杰、谢正伦、林峻豪等人都是老班底，温养礼圆通，方明杰老成，谢正伦精明，林峻豪彪悍，在波罗堡里，有温养礼和方明杰、谢正伦在身边，副指挥官肯定省下不少心思和力气，还有一个郝智武能帮上一把，而张亚雄和许秀岐，还有那个山西过来的丁彦荣，都放到最远的石湾去，和林峻豪在一搭里，是实实在在地加强了桥头堡。石湾还有一个范止英，是保九团的军需，半年前回了一趟关中竟然和副指挥官成了朋友，已经在石湾了就放在石湾，没必要副指挥官上来就要给那么多的人调整位子。石湾是保九团团部所在地，林峻豪绝非吃素的，看不住一锅端了不是啥难事情。至于李振华，人皆知其足智多谋，文也行武也行，一定要搁到榆林城里重要的岗位上，这是量才使用，能者上。胡希仲的职务是晋陕绥边区总司令部参议，当然不能待在波罗堡。剩下的李振英和郑崇源，此前是营长，做中队长是屈才了，问题是缩编了，位子就这些，放在波罗堡，副指挥官身边也得有个自己人，而且姚绍文也从石湾给调回波罗堡了嘛。处在波罗堡和石湾中间的高镇，是一把长刀的腰身，位置也很重要，秦悦文和吴凤德在那里还是放心的。秦悦文虽说开始跟共产党闹过一段子革命，但不是走到正路上来了么，现在干到副团长很好，是个正直人，就是言语少，还是出不了岔子的。吴凤德是个老兵，是老部下，一向很稳当。

这两个人都是立诚的学生，和副指挥官都不熟悉，搭配也很好。指挥官去榆林前的这天晚上的会议非常成功。

夜渐深沉，梁家大院外，一名士兵在站岗，梁家大院内，东西厢房前各有一名士兵守在那里，都是身挎双枪、威风凛凛。西边的房门关闭着，东边的房门敞开着，守在西厢房前的是胡景通的警卫员，守在东厢房前的是胡景铎的警卫员张金生。东厢房靠北的里间内，张颖玲还在收拾着屋子、摆放着物品，外间内，胡景铎和胡希仲、李振华在喝茶、闲聊。胡景铎和李振华分坐在靠东墙的一张方桌的两侧，胡希仲在踱着步，靠南墙还摆放着一张条桌和两把椅子。胡希仲说："波罗到榆林不足百里，近近的。"李振华闻言呵呵笑着。胡希仲接着说："振华，你带上个人，身边得有自己的差使人。"李振华点了一下头。胡景铎压低声音说："把张金生带上，再挑几个，就搁到榆林。"李振华略略思索了一下，压低声音说："让萧景寿和黄福禄两个当你的警卫员，萧景寿胆大，黄福禄心细。"胡景铎点了点头。胡希仲瞥了一眼门外面，走到南边一把椅子前坐下，压低声音说："五大人已经给六大人派了一个勤务员，一片苦心啊！"胡景铎高声喊道："张金生！"随着一声响若惊雷的报告——"到"——张金生跑了进来，立正敬礼。胡景铎说："你晚上准备一下，明儿跟李团长走，保护好长官！"张金生响亮地回答："是！"

第二天吃过早饭，胡景通携带胡希仲和李振华去了榆

林，胡景铎和温养礼等人送过无定河。

第三天黎明，太阳还没露头，胡景铎已经在大操场上对官兵讲话。他说："陕北保安指挥部三个团缩编为一个团，半年多没发军饷，一年多没发军装。你瞅瞅，衣冠不整、破破烂烂，哪里有个军人的样子？一些人心里想得美——'一爱洋钱二爱酒，三爱嫖妓四爱赌，今天不要明天走嘛'。有几个钱的就发放高利贷，没有钱的就强买强卖欺压老百姓。这不是军人，这是土匪！是强盗！"这是副指挥官的第一次讲话，指挥官前脚刚走。驻防波罗堡的几个中队依次列队站立，李振英、郑崇源等几个中队长站在各个中队的前面，姚绍文和谢正伦、温养礼、方明杰及三大队大队长郝智武一字排开站在队伍的最前边。温养礼、方明杰、谢正伦、郝智武都睁大眼睛看着胡景铎，身后的军官和士兵也都睁大了眼睛，有的还歪着嘴巴。胡景铎继续讲话："我下来就给榆林和西安打电话，不管是谁，不按规定发放就是不行，我说话是算数的！话说回来，缩编也是好事。缩编是啥？就是把一身肥膘练成一身肌肉，不是多养活几个贪吃贪占的败类！九一八到现在，已经十四年啦！你扛着枪，你就得有个扛枪的样子，你就得有个中国军人的样子！"士兵中间许多人陆续戴正了帽子、站直了身子。胡景铎继续讲话："我命令，陕北保安指挥部下属所有部队，包括直属的各个单位，从今天起，早晚两次训练，一次两个小时，官兵一样，没有例

外。现在开始！"胡景铎话音刚落，李振英和郑崇源立即向后转身，高喊口令，带领队伍分散开去训练。另外几个中队长也跟着向后转身，喊着口令，带领队伍去训练。胡景铎跑步跟在第一支队伍后面。姚绍文跟在第二支队伍后面。温养礼和方明杰、谢正伦、郝智武相互瞧了瞧，便也分别跟上一支队伍跑开去。

太阳渐渐爬到了东边的城墙上。大操场上口号声、喊杀声四下响起，有的响亮整齐，有的杂乱无力，引得堡子里的人纷纷走出家门，揉着一双双惺忪的睡眼张望着，张颖玲和梁大嫂也站在人群中。渐渐地，围观的人越来越多，太阳也越来越高。

梁家大院东厢房外间，勤务员尤景明左手扶着托盘一角，右手麻利地摆放着饭菜——一盆炖羊肉、一盘猪肉炒黄豆芽、一盘清炒洋芋片、一盘酸菜和两碗南瓜小米稀饭、一盘白面蒸馍。胡景铎和张颖玲在方桌前坐下，准备吃早饭。看着面前的饭菜，胡景铎问："弟兄们早饭吃的都是啥？"尤景明立正身体，垂下两手，左手抓着托盘，并拢双脚，回答："今儿早上是一碗羊肉汤、两个两搅。"胡景铎颇为不解，看向尤景明问："两搅？两搅是啥？"尤景明回答："就是麦面和黄米面两搅馍馍。"张颖玲看看丰盛的饭菜，又看看身上补丁盖着补丁的尤景明，没有动筷子。胡景铎接着问："晌午饭都吃啥？"尤景明回答："大米稠饭和熬洋芋疙瘩。"胡景铎说："可以嘛，还有啥哩？"

尤景明回答："一礼拜两天羊肉汤，剩下顿顿洋芋疙瘩。"胡景铎转过头扫了一眼桌子上的那盘猪肉炒黄豆芽，又看着尤景明继续问："猪肉哩？能吃上猪肉不？"尤景明回答："没有，吃不上，伙房就这老四样。"胡景铎说："能吃饱不？"尤景明说："能，就是晚上饿。"胡景铎拿起筷子说："你也去吃饭吧。"尤景明立正敬礼，转身离开。胡景铎对张颖玲说："吃了饭到堡子里外转一转，波罗堡这地方名气可大哩很！"

波罗堡内南北街道

太阳高高地挂在天空，青石街面上泛着一片一片光亮。胡景铎和张颖玲顺着南北主街道朝南门方向走去，后边跟着警卫员萧景寿。街巷两边有杂货铺、皮货庄、饭馆、酒楼、旅店、车马店、油坊、绸料铺，还有波罗堡镇

公所、国民党横山县党部波罗堡办事处等机构。来来往往的人很多，有的壮着胆子向胡景铎抱拳问候："胡副指挥！""六大人！"胡景铎一一抱拳还礼。除了胡景铎和张颖玲一行人外，街巷里看不见一个穿军装的身影。

波罗堡内一户人家的房子里，地上的鞋子一双跟一双不一样，有黑布棉鞋，有日寇的黄军靴，还有包着皮子的单布鞋。一个大炕上，七八个士兵躺在那里，头朝内，脚朝外，有的睡着了，有的哼哼唧唧，有的揉捏着腰腿，有的瞪大眼睛盯着房顶的檩条和檩条上的蜘蛛网。士兵身上盖的被子都已经看不清本来的颜色，黑乎乎的，破洞里面的棉絮也是黑的。脱下的军装或扔在被子上，或卷成一个卷儿枕在头下。一个士兵说："走了一个五大人，来了一个六大人，咋瞅着长得不像哩？"一个士兵神秘地说："听说胡老六打过日本人，连蒋介石都骂哩，可得长个眼色，不要朝枪口上碰。"一个士兵连声附和道："就是就是，灵醒些。"

下午，大操场上，各个中队在组织训练，胡景铎和姚绍文、温养礼、方明杰、谢正伦、郝智武等人跟在不同的中队后面。大操场边，还有一些群众在围观，或交头接耳地议论着，或伸出指头指点着。

晚上，胡景铎走进一户院子，身后跟着参谋姚绍文和警卫员萧景寿。院子里两个闲聊的士兵赶紧立正敬礼，报告："胡副指挥！"胡景铎举手还礼，脚下不停地走进士兵

居住的房间。房间里原本或坐或躺的几个士兵已经站成一排，立正敬礼，报告："胡副指挥！"胡景铎举手还礼，手放下的时候不由得紧皱了一下眉头，鼻子和嘴都挤到了一块儿。他打量了一下房间，走到大通铺前，伸出手翻看着土炕上一床床破旧不堪的被褥，被子下面有的是烂布片片垫着稻草，有的是黑棉絮片片对在一起，有的是一块狗皮连着一片破麻布。军需主任谢正伦气喘吁吁地进来了。跟在谢正伦身后的三大队大队长郝智武走到房门口停了下来，站在门外。胡景铎顺手提起一床被子的一头，被子里的棉絮疙瘩都沉了下去，上边变成了空皮皮儿。胡景铎又提起一床被子，棉絮疙瘩又都沉了下去，上边又变成了空皮皮儿。胡景铎说："咋都是黑蛋蛋子、烂絮絮子？这咋盖哩！"参谋主任温养礼和政训主任方明杰也气喘吁吁地进来了。胡景铎对士兵说："能拆洗的都拆洗一下，不能拆洗的拿到太阳底下晒一晒，这盖在身上不冻出病都得捂出病来，一股子臭味霉味，全是细菌。"士兵们回答："是！"胡景铎看向军需主任谢正伦说："谢主任，这被褥啥时能换喽？"谢正伦摊开双手，回答说："副指挥，库房里啥啥都没有，咱是杂牌军。"胡景铎站在那里，脸色铁青。房间里安静了，每个人的呼吸好像都停止了。"咕"，一个士兵的肚子叫了一声，接着又是"咕"的一声，声音响亮。胡景铎看向那个士兵，问："肚子饿了？"士兵回答："是。"胡景铎又看向其他几个士兵，问："饿不饿？"

士兵们大着胆子回答："饿，天没黑都饿了！"胡景铎对谢正伦说："谢主任，从明天开始晚上加一顿饭，一天吃三顿，要换个花样，不能是老四样，一个月要吃上一回猪肉，蔬菜也要增加。养兵千日，用兵一时。吃不饱，咋扛枪哩？每顿饭给我屋里送不能超过两个菜，不能有猪肉，有了猪肉弟兄们一起改善伙食。"几个士兵闻言都一眼不眨地看着胡景铎。谢正伦迟疑着说："副指挥，唉，加一顿饭得专门批钱。"说着话，谢正伦的眼角乜斜了一下参谋主任温养礼站立的方向。温养礼沉默了片刻，看向胡景铎，说："六大人，上面不发军饷，咱就是个空架子，我和谢主任先筹措地办，明天开始就加一顿，保证弟兄们吃饱肚子。"胡景铎微微点头。温养礼又看向谢正伦说："谢主任，你明天一早就拿个方案过来。"谢正伦看着温养礼说："我今晚上就把方案弄好。"方明杰沉默着。

月亮在云雾里穿梭，夜幕忽远忽近。胡景铎和温养礼、方明杰、谢正伦走在城墙上查哨，姚绍文和郝智武跟在后面，再后面是萧景寿、黄福禄等几个警卫士兵。城墙上每隔一段就有一名士兵在持枪站岗，还有几队巡逻哨。胡景铎说："温兄、方兄、谢兄，我是每天晚上要查哨，打仗养成的习惯啦，改不了。"温养礼说："六大人可是抗日名将，弟兄们仰慕已久！"谢正伦说："六大人带兵有方，弟兄们都知道，就是咱们——唉！杂牌中的杂牌，爹不亲来娘不爱。"胡景铎说："一样地扛着枪，蒋委

员长非要分个中央军和地方军，分个嫡系和杂牌，人家看不起，咱要自己看得起自己！"温养礼和谢正伦都没有接话。方明杰这时接过话说："六大人说得是，说得是。"在短暂的沉默中，一行人继续向前走。一队巡逻哨走过来，收住脚持枪喊道："口令！"胡景铎等人也收住脚，姚绍文高声回答："高山！胡副指挥来查哨！"巡逻士兵收起枪，立正敬礼。胡景铎等人立正还礼。礼毕，胡景铎快步走上前看向每一个士兵，说："弟兄们辛苦了！哨兵是军人的眼睛，必须二十四小时都睁着，一分一秒都不能打瞌睡！"士兵异口同声地回答："是！"

又一个黎明到来。大操场上，官兵在分头训练，这边一个中队，那边一个中队，或跑步，或匍匐，或翻越障碍，或捉对拼刺，口令声和喊杀声四下响起，一下高过一下。胡景铎和温养礼等军官跟在各个中队后面参加训练。

训练结束后，吃早饭前，胡景铎在指挥部里给榆林打了电话。电话那头百般为难，胡景铎脸色越来越不好看，他抓着话筒，火气十足地说："我明儿就让一个中队先到榆林给你守卫军需仓库，给处长大人端茶倒水、站岗放哨！弟兄们半年多不发军饷，一年多不发军装，穿的盖的都是烂絮絮子、黑蛋蛋子，进了榆林也好跟上处长大人吃顿饱饭！"说到这里，他重重地扣下电话，"啪"的一声，干脆、刺耳。坐在旁边的温养礼及姚绍文几个参谋都一声不吭地看着胡景铎。胡景铎说："温主任，我这几

天到高镇、石湾去看一下，明儿就派绍文带上一个排先到榆林，二十四小时住在军需处。我从石湾回来就去榆林。"温养礼关切地说："六大人，你看是不是给五大人报告一下？"胡景铎正颜厉色道："我五哥是二十二军副军长兼陕北保安指挥部指挥官，给我五哥说咱派人住到军需处？这不是给我五哥出难题？咱是照章办事，不能犯糊涂。我五哥来电话就说我到底下去检查防务。人是我派的，没有我的命令不准回来！"

李振英是驻防波罗堡的三大队第十中队的中队长，从到的那一天下午，他就抽空去走街串巷，认门认路，混个脸熟。这天中午，官兵大多在午休，李振英又从一条巷道向东走去。巷道的东边有一座关帝庙，坐北朝南，前面是一片空场地，群众经常在那儿晒东西，娃娃们也爱在那里嬉闹。天空晴朗，太阳很好。李振英走了过去，看见庙前支起了几个架子，晾晒着几床破被子，没见一个人。走到近前，破被子上散发出来的臭气扑面而来，李振英刚欲转身躲开，却听见庙里传来一阵隐约的交谈声——"共产党……固原……二五二团……"李振英心头一紧，略略停了一下，便放开脚步不紧不慢地走过去。随着由远及近、由轻到重的脚步声，李振英走进了关帝庙，站在关帝像前的两个人急慌慌立正敬礼，报告："李队长！"一个是陕北保安指挥部的一名副官，姓屠，一个是李振英在庄里镇召的新兵雷子扬。李振英立正还礼说："哦！屠副官，你

和子扬也来拜关公？"屠副官回答："是呀，这不还没拜哩么，就遇到这个兄弟，先谝上了。"说着话，屠副官转头问雷子扬："兄弟你贵姓？"雷子扬回答："报告长官，我叫雷子扬。"李振英说："子扬是我招的学生兵，有文化，是副排长啦，屠副官还要多多指教！"屠副官连声说："哪里哪里，兄弟还得李队长多关照！多关照！"李振英说："都是当兵的，脑袋一天别在裤腰带上，只有关老爷保佑咱，来，弟兄们一起拜拜？"屠副官和雷子扬赶紧回答："一起拜，一起拜。"李振英和屠副官、雷子扬三个人一起跪下拜关公，李振英在中间，屠副官在左边，雷子扬在右边。

这天下午训练结束后，李振英把中午拜关公的事情告诉了胡景铎，说："人家比咱动作快。"胡景铎听了，笑了笑。

东方既白，波罗堡南边一道道山梁和一条条沟壑层层叠叠推向远方，胡景铎带着萧景寿等几个士兵打马南去。

在毛乌素沙漠上，一个骑马的士兵牵着一匹骆驼在风沙中向南行进。士兵身上背着长枪、短枪和一个水壶，骆驼身上的驮子两边各搭着一个鼓鼓囊囊的口袋。

高镇，镇如其名，建筑在一个山峁之上，城墙高大坚固，城外一条小河自西北而来，从城南绕过，流向东南。胡景铎赶到时已是黄昏，镇子内的几个院落里外，陕北保安指挥部第二大队所属几个中队的士兵正拿着碗筷等待吃

晚饭。

在一个院落里的伙房处，等着打饭的士兵一个挨着一个排成长队，已经打到饭的士兵或走出院子去吃饭，或走出几步回过头就看着伙房的大锅开吃，有蹲的，有坐的，有站的，碗里是小米稀饭，手里是一个两搅馍馍，身上是同样破旧不堪的军装。几个看着大锅吃饭的士兵边吃边说话。一个站着的士兵说："这就是个半饱。"一个坐在自己的一只鞋子上的士兵说："总算有了这一口晚饭啦，知足吧。"一个蹲着的士兵说："过去是晚上不吃睡觉补，现在是一天折腾两回，加这一顿哄哄肚子，明儿还……"蹲着说话的士兵一抬头冷不丁看见一名官长在副团长秦悦文和第二大队大队长吴凤德的陪同下走了进来，赶紧咽下后面的话，抢先立正敬礼，大声报告："长官！"手里的半拉两搅扔在左手端着的碗里，浮在小米稀饭上打着转转儿。院子里的士兵纷纷立正敬礼，报告："长官！"打饭的两个伙夫也放下了手中的长木勺。胡景铎立正还礼。秦悦文和吴凤德也立正还礼。身材魁梧的吴凤德抢先说："弟兄们，胡副指挥来检查官兵伙食。"士兵们又立正报告："胡副指挥！"胡景铎再次还礼。胡景铎走到一个士兵面前，看着碗里的小米稀饭和手里的一个两搅问："能吃饱不？"士兵回答："能！"胡景铎又问："晚上还饿不？"士兵老老实实地回答："还——饿哩。"胡景铎环视了一下站立的士兵说："那就是吃不饱嘛。吃不饱咋能睡着哩？睡不着就偷

鸡摸狗？"士兵们木然呆立，没有反应。胡景铎看向秦悦文，秦悦文一脸平静。胡景铎说："秦副团长，你下来到指挥部去一趟，就说我说的，晚上这一顿再加一个馍，一人两个馍，还有，每顿饭最少一个菜，一个月要吃一回猪肉。"秦悦文立正回答："是！保证弟兄们吃饱！"胡景铎看了看伙房处和等着打饭的不长的队伍，又看向秦悦文和吴凤德说："咱们就在这儿搭伙，跟弟兄们一起吃晚饭，让大师傅把伙房的碗借给咱。"说着话，胡景铎快步走向等着打饭的队伍最后边。秦悦文跟在胡景铎身后走了过去。吴凤德也跟着走了过去，排在后面。士兵们一动不动，两个伙夫也一动不动。吴凤德大着嗓门朝伙夫喊："发啥痴哩？赶紧打饭，给胡副指挥和秦副团长把碗洗净！"两个伙夫迅速交换了一下眼神，一个拿起木勺继续打饭，一个转身去拿碗。吴凤德又朝士兵们喊："弟兄们继续吃饭！"站立着的士兵们开始慢慢咀嚼着嘴里的两搅，惊愕的目光都看向胡景铎，看向又加长了一截子的队伍。胡景铎垂手站立在一名士兵身后，胡景铎身后是同样垂手站立的秦悦文和吴凤德，吴凤德身后是挎着双枪的萧景寿，萧景寿身后是刚跑进院子的中队长，嘴唇上的肉渣渣还没顾得上擦去。

那个从沙漠里南来的士兵也在黄昏走进了波罗堡，走到梁家大院东厢房前，提着两个鼓鼓囊囊的口袋，立正身姿，正给六太太报告着："六太太，五太太专门给您买

了一些副食水果送过来，您看放哪儿？"张颖玲站在房门口，身边站着黄福禄。张颖玲惊喜莫名，说："哎、哎，黄福禄，就搁到屋里，就搁到屋里。"黄福禄一边回答着"是"，一边和那名士兵一人一个把两个口袋抱进房间。勤务员尤景明端着饭菜从大门外走了进来。看见尤景明端着饭菜来，张颖玲又向刚走进房间里的黄福禄吩咐道："黄福禄，赶紧领着去吃饭，刚到饭时。"尤景明在房门口停住脚步。黄福禄和那名士兵从房间里走出来，向张颖玲立正敬礼，回答："是！"张颖玲看着黄福禄领着那名士兵向大门外走去，迟迟没有回头，五太太还没见过面，就给送来了两口袋好吃的。

副指挥官胡景铎第一次视察防务，作为下属的保九团团长林峻豪非常重视，接待隆重而热烈。夜晚，林峻豪在团部设宴欢迎副指挥官，胡景铎端坐主位，林峻豪在左，张亚雄在右，范止英和许秀岐、丁彦荣等几名军官依次而坐，桌上摆着六大盘菜，有肉有素，有热有凉，每个人面前的酒杯里都满着，一包红锡包香烟①里面还有五六根，另一包红锡包香烟也已打开。林峻豪靠在椅背上，一只手夹着香烟，一只手端着酒杯，看向胡景铎，满脸虔诚地说道："六大人，我林峻豪是笠僧将军的老部下，是个

---

① 红锡包烟是当时英国出品的一种香烟，价格比较贵，在当时是比较高档的香烟。

粗人。伯母老大人让我上陕北找五大人，五大人把部队交给我，咱这些人都是五大人的班底，也就是胡家的班底。今天一定要喝好！"说到这里，林峻豪转头看向范止英，"还有止英兄，你是五大人的老部下，也是六大人的好朋友，咋说都是胡家的班底，六大人今天到了石湾，你要多喝几杯！"范止英赶紧起身立正，端起酒杯。墙角的一个角柜上面摆着三瓶洋酒，瓶签上是曲里拐弯的英文字母，瓶盖都打开着，两瓶已经见了底，一瓶还有小半瓶。一名勤务兵站在角柜旁，手里捧着一个白瓷酒壶。林峻豪继续说："弟兄们能够出人头地，混出个人样子来，全靠的是胡家。五大人在陕北经营了十几年，现在，六大人也上来了，五大人和六大人的命令，我林峻豪绝不含糊！兄弟我先干为敬！"一仰脖喝干了杯中酒，放下酒杯，抬起了手中的香烟，抽了起来。胡景铎看了一眼范止英，端起酒杯，看向林峻豪说："峻豪兄快人快语，这些年跟着五哥鞍前马后，劳苦功高，对止英兄也着意栽培，兄弟感佩！"说完，一口喝干了杯中酒。范止英看向胡景铎和林峻豪说："兄弟我感谢五大人、六大人！感谢林团长！"也一口喝干了杯中酒。张亚雄和许秀岐、丁彦荣等人也站起身端着酒杯，纷纷说："感谢五大人、六大人！感谢林团长！"也都干了。勤务兵走过来首先给胡景铎斟满，接着给林峻豪斟满，又依次给张亚雄等人斟满，然后退回到角柜旁。胡景铎看向各人说："国共合作抗战已经七八年了，

胜利也不远了。现在，蒋委员长最关心的就是共产党，胡宗南的算盘就是让咱这些杂牌军当炮灰。石湾就挨着共产党的边区，恰好在榆林和延安的中间，战略位置十分重要。"说着话，胡景铎微侧身看向林峻豪，"不知峻豪兄对当前局势有何高见？"林峻豪打了个哈哈，说道："兄弟只是一个军人，从不问政治，至于国民党和共产党嘛，都是党，要叫兄弟我说，'党'字，尚黑，一看就不是好东西。"众皆愕然，继而哈哈大笑。

月朗星稀，天幕寥寥，四野无风。石湾夹在南北两个突出的山峁间，东西两侧各有高大坚固的城墙连在一起，两个山峁上碉堡壕沟交错相间，两道城墙上火力岗哨严阵以待，实是壁垒森严、易守难攻的军事要塞。

视察完防务，胡景铎就去了榆林。芝圃巷胡景通住宅的客厅里，五大人和六大人进行了一次谈话。胡景通坐在客厅上首靠左的那把太师椅上，胡景铎坐在靠着右边墙壁的椅子上。胡景通掏心掏肺地说："不要和共产党接触，咱大哥是中山先生的学生，咱是国民党，就你和仲娃子一天不安分。不光你两个对蒋介石有意见，我也有意见哩，意见多得很！但你不能忘喽，咱是高级军官，讲话做事得分个场合。国共两党迟早要散伙，国民党姓三民主义，不姓蒋！你不要犯糊涂，不要莽撞行事，咱跟着邓先生，邓先生和咱大哥是结拜弟兄，是咱的兄长，咱要知道好坏，不能没个分寸。你看看，老二、老三回去

了，老四是个虚头的少将参议，咱就剩下这些家底，可都交到你手上啦！"胡景铎回答："五哥，你放心，我一定把弟兄们带好，把部队训练好！"胡景通说："你给军需处派了一个排，可是给我这个副军长大大地长脸啦！"胡景铎沉默。胡景通接着说："军需处那几个都避着我，听说昨个绍文把军饷和军需都运回去啦？"胡景铎回答："是！运回去啦。"胡景通呷了一口茶，明明白白地说："老六，邓先生给咱大哥拉了一辈子长工，咱也要给邓先生把长工拉到底！"

六太太来了榆林，五太太分外欢喜，中午进了家门歇了歇，后晌就陪着逛了街，晚上又陪着去看戏，走到哪里都是手拉着手，有着说不完的贴心话。戏台上，柴郡主正在深宫里思念杨六郎——"梨花枪似雨点，杀得番兵心胆寒，自那日阵前见郎面，雄姿长绕梦魂间……"看着相思相念、袅娜多姿的柴郡主，张颖玲心里充满甜蜜，脸上笑开了花。

姚绍文把军饷军需押回来后，参谋主任温养礼和军需主任谢正伦就开始忙活起来。在指挥部院子里，谢正伦安排着在给各个大队、各个中队发放包括棉衣在内的军装、军鞋和被褥，军装、军鞋和被褥摞得高高的，前来领取的军官和士兵的兴致同样高高的，有说有笑，列队整齐。

指挥部大厅内，温养礼坐在那里组织给各个大队、各个中队发放军饷。保九团副团长秦悦文站在温养礼身边，

抽出一支香烟递过去。温养礼掏出火柴划着，斜侧着身子给秦悦文先点着，收回来再给自己点上。长桌前，有的军官俯下身子在表册上签字，有的军官把签过字的表册恭恭敬敬地呈给温养礼签字，有的军官把温养礼签过字的表册递给分发军饷的屠副官，有的军官在一张一张地数着已经领到手的军饷。

波罗堡内某中队驻地，领到新军装、新军鞋和新被褥的士兵兴高采烈，把新军装搁在身上比了又比，穿起来转着圈地打量着、展示着，把新军鞋穿在脚上看了又看，摸了又摸，走过来，走过去，跑两步，跳几下，把捆扎成包的新被褥高高地抛向天空，下来了再抛上去，抛得高高的，几张咧开的嘴巴里流出长长的口水。

波罗堡南门外，几队荷枪实弹的官兵和十数辆装满军装、军鞋、被褥的马车迤逦远去，几名军官的身后都背着圆滚滚的皮包。

四、等 待

邓宝珊的晋陕绥边区总司令部设在榆林城南的一个山峁处，面朝北边的榆林城，名曰桃林山庄，有着上下两处窑洞院落。下院是总司令部，亦即邓宝珊住处，有一排五孔窑洞和东西两处厢房，五孔窑洞是邓宝珊起居、办公、学习、会客的地方，东西厢房是司令部办公的地方。上院是警卫连驻地，有十余孔窑洞。山峁顶上有士兵持枪放哨，总司令部大门外有士兵持枪站立。桃林山庄上下花木丛生，有几株桃树，还有一条小河穿过榆林城从山峁脚下蜿蜒向东。

榆林部队自民国建立后久驻不移，几任长官渊源深厚，大小官兵有家有舍，可谓家城一体。日寇进至山西，欲渡黄河，榆林的一万多人马守城犹可，守土乏力。蒋介石急调在甘肃任新一军军长的邓宝珊东来坐镇榆林，出任新组建的第二十一军团军团长，后又将第二十一军团军团部改为晋陕绥边区总司令部，邓宝珊也由军团长改任了总司令。然而，邓宝珊仅带过来一个旅，其余部队还未走出

邓宝珊

甘肃就被蒋介石顺道改编了，只能是扛旗抗日而位高权轻，桃林山庄实则是一个顺风顺水的风向标。"桃林山庄"一名是邓宝珊取古籍中的一句话——"乃偃武修文，归马于华山之阳，放牛于桃林之野，示天下弗服"①——以为武人当自警自省，归马放牛，与民休息，并特请于右任挥笔题写，勒石镶嵌在中间一孔窑洞的门额上。

胡景铎在胡希仲引领下走进桃林山庄，邓宝珊的目光里充满赞赏和关爱。三个人促膝而谈，邓宝珊靠在椅背上，胡景铎和胡希仲坐得笔直。邓宝珊说："老六，你在山西那几仗打得好，能够主动出击、以少胜多，老高都跟我说了，他是赞不绝口，翘了大拇指。说实话，你到我这儿来，老高是真的舍不得，对我发牢骚，说我这个老长官

———————————
① 语出《尚书》之《武成》篇。

撬了他的墙角儿，说你和徐子仁闹不到一搭里，可以调整一个更好的位置嘛，想不到你一去不归，哈哈哈！"邓宝珊说到这里笑了起来。胡希仲也呵呵笑了。胡景铎红着脸说："总司令，高军长是个好人。"邓宝珊说："咱们都是兄弟，没有外人。你是一块带兵的材料，有胡老大的胆识、气魄。现在局势复杂，抗战胜利不远啦，欧洲战场，盟军这个月已经占领柏林，德国失败了，希特勒完蛋了，日本鬼子已是强弩之末，蹦跶不了几天，当前国共合作接近名存实亡，蒋先生的心思一直以来没有变过，胡宗南在西安蠢蠢欲动，国内的政治力量你奔我走，事情往往微妙。你到过延安，听过毛泽东的演讲，我也到过延安，和毛泽东坦诚相见。抗战以来，晋陕绥和陕甘宁并肩战斗，抗战胜利后会是个怎样的局面？人民还愿意再起战争？这都打了多少年啦？现在看似风平浪静，但这是一个难关，这个难关是能过去的。你大哥有一首诗——'大地山河有壮猷，起兵原不为封侯；回看生民涂炭甚，欲掣龙泉自刎头'——这是怎样的情怀和抱负？这是怎样的眼界和胸襟？老六，你的脾气得收一收，不要再莽撞行事，有些事宁可慢一点、缓一下，都不要急，急则生乱，事缓则圆。上来啦，有啥事就来这儿，有啥想法你就说，随时来，随时说，不能见外。中山先生说：'革命尚未成功，同志仍需努力。'你大哥说：'继志有人，则树的必赴，终有贯彻之一日也。'这些话咱不能忘。老六，路再难都要

走，都要走稳当。"胡景铎回答："是！"叔侄两人眼里都涌出了泪花。一个穿着一身八路军服装、戴着一顶八路军帽子的姑娘落落大方地走进来，偎在邓宝珊身侧，注视着胡景铎问胡希仲："希仲哥，这就是咱六大？"胡景铎看向出现在眼前的姑娘，一张秀美的脸庞略显憔悴，一双明亮的眼睛直抵人心。胡希仲说："这就是你只闻其名未见其人的六大人胡景铎。"邓宝珊说："你六大现在是我的部下。"胡景铎站起身问道："你是——友梅？""我是邓总司令的二女儿，"说着话，邓友梅故意压低声音，"就是在蒋委员长那里挂了号的共产党邓友梅，六大，咱国共双方握个手？"邓友梅说着话向胡景铎伸出右手。胡景铎略显迟疑后也伸出右手，和邓友梅伸过来的手握在一起。

邓友梅是邓宝珊的二女儿，十六岁在延安加入了中国共产党，已是有着六七年党龄的一名老党员，后来得了肺病，延安缺医少药，就回到榆林养病，走到哪里都穿着一身八路军的灰布军装，在榆林城里宣传抗日救国，反对欺压百姓，大小特务和一众官僚头疼难耐，避之不及。胡景铎到桃林山庄面见邓宝珊前，胡希仲就详细介绍了邓友梅的情况，还给他学说了一件骂"肥老鼠"的笑谈。

一个县长有权有势，大肆贪污，救灾的钱粮也要剥几层，老百姓敢怒不敢言，因其大腹便便，都在背地里叫他"肥老鼠"。一天，"肥老鼠"拄着拐棍和

邓友梅在街头相遇。"肥老鼠"扭头就走。邓友梅一路撵着大骂:"你就是'肥老鼠'?你跑啥哩?你把贪污的钱干啥啦?你不管一县百姓的死活,挂个文明棍棍你就是文明人?'肥老鼠'!'肥老鼠'!把贪污的钱吐出来!谁给你撑腰哩?'肥老鼠'!'肥老鼠'!你吃人不吐骨头,你的肚子里是啥货色?'肥老鼠'!'肥老鼠'!你朝哪里跑?还能跑到天上去?""肥老鼠"在随从的连拖带拽下跌跌撞撞地向前跑,拐棍早顾不上了,头都不敢回。邓友梅捡起拐棍高举在手,撵着骂着。围观的人越来越多,有鼓掌的,有叫好的,还有起哄的,当天就传遍了整个榆林城。

胡希仲学说完邓友梅的光辉战绩后,扬了扬手中的那根拐棍,说:"六大人,你看,这就是二小姐送给本少爷的战利品!"胡景铎说:"应该枪毙!"

邓友梅是共产党的事情报到蒋介石那里。邓宝珊去重庆,蒋介石问:"你有个女儿是共产党?"邓宝珊回答:"是,思想认识不同,有什么办法?肺病第三期啦,要不也不会来榆林。"蒋介石没有了说辞。回到榆林,邓宝珊告诉了女儿。女儿说:"榆林有啥好的?把人都窒息啦。一天撵不完的狗,我没急,狗主人倒急啦?"邓宝珊呵呵笑着,拉起女儿的手,走出桃林山庄,走到小山峁上,向南眺望,毛乌素沙漠过去就是黄土高原——那里是延安,

是女儿魂牵梦萦的圣地。

人的思想认识不一样，邓宝珊的二女儿跑到延安读书，成了共产党员；胡笠僧的六弟和独子也都到延安去过，明显都倾向共产党，哪一个都不是省油的灯，哪一个能拽回头来？邓宝珊也是去过延安的，还去了三回。二十年前，胡笠僧督办河南，邀请李大钊来指导工作，邓宝珊就结识了李大钊等共产党人，那是在实践中山先生的"联俄、联共、扶助农工"。二十年后，中山先生、李大钊先生，还有胡笠僧早已远去，国民党还是那个国民党，共产党已今非昔比。国共合作抗战，胜利在望，怎么道路竟变得如此模糊了？合则利，分则伤。邓瑜从清末投身革命，几十年未敢稍歇，前路在望，前路艰难，邓瑜亦难。

胡景铎和张颖玲返回波罗堡时，五太太给装了两大箱子东西，还给六太太特意套了一驾马车。五太太拉着六太太的手，送到大门外面的马车前，对胡景铎说："老六，已经三个多月啦，一定要照管好，营养要跟上，缺啥就给我打电话，我派人送，可不敢再让骑马啦。"胡景铎点头答应："好，好。"五太太揭开马车帘子，扶着六太太坐到了马车里，又放下帘子，看着马车离去。

历史在一九四五年加快了脚步，先是在五月八日，德国投降，接着到八月十五日，日本投降，胜利到来了！饱经苦难的华夏大地沸腾了！团结抗日的中国人民沸腾

了！日本鬼子投降了！抗战胜利了！！胜利了！！！

波罗堡到处张贴着"庆祝抗战胜利，巩固世界和平""抗战精神万岁""向抗战将士致敬"等五颜六色的大标语。大操场上，军民们敲锣打鼓欢庆胜利，爆发出一阵阵响遏行云的口号声——"抗战胜利万岁！""世界和平万岁！""抗战将士万岁！"胡景铎和大家一起高喊胜利口号。

梁家大院东厢房里，已渐笨拙的张颖玲手里捧着一张一九四五年八月十五日重庆出版的《大公报》，一边缓缓踱步，一边高声朗读："日本投降矣！答复四国接受规定条款，今晨七时四国首都同时正式宣布。[中央社讯]外交部公布：日本政府已正式无条件投降，投降电文，业经由瑞士政府转达，原文如下：'关于日本政府八月十日照会接受波茨坦宣言各项规定及美国贝尔纳斯国务卿八月十一日以中美

1945 年 8 月 15 日《大公报》刊登《日本投降矣！》的特大标题及消息

英苏四国政府名义答复事，日本政府谨通知四国政府如下……"梁大嫂守在张颖玲身旁，满面笑容地看着、听着、念叨着："胜利啦！胜利啦！小日本投降啦！"《日本投降矣！》标题的五个特大号宋体字和一个特大的感叹号非常醒目。

那一天，李振华从榆林赶回波罗堡，和战友们共庆胜利。晚上，胡景铎和李振华漫步在无定河边，远远地，萧景寿、黄福禄和张金生三个警卫员跟在后面。李振华说："抗战胜利了，下一步怎么办，你得和仲勋建立直接联系。"胡景铎说："你说得对，这是当务之急。蒋介石是啥人我最清楚。咱们怎么办，得根据那边的指示进行。我已经见过友梅，她可以和延安到榆林来的人直接见面，我这就给仲勋写信。希仲到了榆林就有特务二十四小时监视着，别的渠道一时半会儿也找不到合适的人。"李振华说："仲勋是绥德地委书记，跟咱们离得很近。"胡景铎说："我和希仲到了陕北，仲勋肯定是知道了，现在迫在眉睫。今年前半年，共产党召开了七大，国民党召开了六大，现在，日本投降了，摆在中国人面前的光明与黑暗的两条道路、两个中国的命运已经到了十字路口，光明与黑暗的斗争不可避免，不能对蒋介石抱有任何幻想。"半轮明月在天，一湾河水向东。

深夜，梁家大院东厢房里，张颖玲已经在里间睡下了，熄灭了灯火，胡景铎坐在外间的桌子前提笔凝思，给

习仲勋写信——"忆立诚往事，岁月不居；望南天飞雁，初衷永在。"

李振华返回榆林后，胡景铎也到了榆林，和李振华、胡希仲一起去桃林山庄看望邓宝珊。在会客室里，居中摆放着一条长桌和几把靠背椅子，邓宝珊和胡景铎、李振华坐在桌前谈话，桌上有一个茶壶，每个人面前放着一碗茶水，一把空椅子前面也放着一碗茶水。邓宝珊说："两次国共合作都是站在三民主义的旗帜下。老六，我和你大哥追随中山先生，走的就是国共合作的道路。现在抗战胜利了，国共还是要合作。"胡景铎和李振华点头。邓宝珊喝了一口茶，接着说："老六，你带兵打仗是一把好手，振华，你是个难得的参谋人才——"这时，依旧穿着一身八路军灰布军装、面色更显憔悴、目光依旧明亮的邓友梅和胡希仲出现在窑洞门口。邓友梅插话道："爸，李叔是我六大的朱可夫。"几个人的目光都看向邓友梅。邓友梅和胡希仲走了进来，站在长桌前。邓宝珊略带不解地问："朱可夫？"邓友梅眨着眼睛说："是呀，我六大坚韧不拔，我李叔慎终如始，一个像斯大林，一个像朱可夫。"邓宝珊若有所思、颇为赞许地接着问："嗯，那你希仲哥哩？"邓友梅又眨了眨眼睛说："我希仲哥是参议官嘛，运筹帷幄之中，决胜千里之外，是个诸葛亮。"几个人哈哈大笑。邓友梅说："出发吧，今天陪我六大去逛金山寺。"邓宝珊和胡景铎、李振华站起身，跟在邓友梅和胡希仲身后依次

走出窑洞，走出院子。

桃林山庄外，两名士兵持枪站立，胡景铎和邓友梅、胡希仲、李振华向着东边不远处的金刚寺走去，邓宝珊就站在大门口静静地看着女儿等人向东走去，静静地看着满天的霞彩披洒在女儿身上，身后是空寂的院子。

傍晚，愈渐笨拙的张颖玲在梁大嫂陪伴下散步。胡景铎老有忙不完的事情，老是没有时间陪一陪自己的妻子，老都看不见个人，也不知道一天都弄啥哩。

金刚寺内，胡景铎和邓友梅、胡希仲、李振华四个人驻足礼瞻佛像。邓友梅小声对胡景铎说："六大，你的礼物一定会送到，就是狗多，走得慢些。"胡景铎说："友梅，咬人的狗不叫。"邓友梅爽朗地笑了起来说："谢谢六大！"

转眼三个月过去，渴盼中的消息还没有到来，胡景铎和张颖玲的第一个孩子——男娃——出生了。转眼，又是一个月过去。

六大人的第一个孩子过满月，高朋满座，官兵同乐。梁家大院院子中间摆着三张桌子，桌子上摆满各式各样的凉菜，一张桌子前坐着张亚雄、吴凤德、郝智武等人，一张桌子前坐着姚绍文、李振英、屠副官等人，一张桌子前坐着郑崇源、许秀岐、丁彦荣等人，大家都在大口吃肉、大碗喝酒、高声划拳。胡景铎刚从西厢房走出来，就被吴凤德一把拉了过去，被围着敬酒。

西厢房里，五大人胡景通坐在主位上，和温养礼、方明杰、谢正伦、林峻豪、秦悦文及两个绅士打扮的来宾喝着满月酒。胡景通和温养礼说着话。林峻豪和一个绅士打扮的来宾高声划拳，秦悦文认真地监督划拳胜负。特务连连长尤景春亲自在斟酒招呼着。

东厢房的门口挂着厚厚的棉帘子。外间，靠墙生着一个火炉，梁大嫂在给炉子添煤，两张桌子上堆满了礼物，有一对黄澄澄的金镯子，有一个金灿灿的金牌牌，还有其他样式的礼物。里间，五太太坐在床沿照管叮咛着六太太，不时逗弄着襁褓中的孩子。

梁家大院旁边的一个院子里，支着两张大案和几张小案，撑着几口锅，摆满了肉和菜，几个穿着军装的大师傅在忙碌着，一张大案上的大师傅约莫五十岁，一张大案上的大师傅应该有四十岁上下，还有好几个妇女在打下手。旁边，上菜的托盘摞在那里足有一米高。

另一个院子里，摆着好几张桌子，桌子上同样摆满各式各样的凉菜，官兵们和房东们正坐在一起吃猪肉酒席、喝满月酒，娃娃也都上了桌子，抢着筷子夹起一片猪耳朵，站到凳子上抄起一块猪头肉，大人娃娃都吃得不亦乐乎，喝得兴高采烈。一个士兵突然两手抱着肚子，慢慢站起身，看着院子外面，一步一步挪着朝外走。坐在旁边的士兵一回头看见挨着的弟兄都直不起腰了，便也慌忙跟出去，筷子还提在手里。

院子外，抱着肚子的士兵难受地靠着墙根，弯下身子。跟出来的士兵大声笑骂道："六大人娃满月，五大人就杀了三头猪，'三王'派了'二王'两师傅，还有个王师傅就没来，把你怂都吃成这样啦？吐！赶紧吐！这上的才是大王的凉菜，老王的热菜还没上哩！指头插到喉咙里，快吐！"在远近几个院子的划拳行酒声中，抱着肚子的士兵蹲在那里把两根手指插进喉咙，艰难地呕吐起来。

孩子满月后就是春节，拜年的拜年，追节的追节①，东家进西家出，这边走那边跑。礼物已经送出去快半年了，难道还在路上？正月里，陕甘宁晋绥联防军的一名参谋进了榆林城，还特意到芝圃巷拜会了胡景通。来人是富平乡党，姓师名源，立诚学校毕业，还在立诚学校教过书。宾主落座。师源说："五大人，我是为双方边界纠纷而来，公事已经谈过，明天就返回，今儿才来拜会，海涵，海涵！"胡景通说："哪里哪里，咱们是老熟人，公事在先，师参谋客气啦！听说你还要到波罗去？"师源说："是啊，是啊！回去后还得去一趟波罗，我是来谈判的，得回去汇报嘛。下来喽再去波罗，那边还得谈，贵军石湾的部队越过边界线二十多里，住下不走，还望五大人明察啊！"胡景通说："谣传，都是谣传！老六现在是副指

---

① 春节期间走亲戚，先来是拜年，后去是追节，礼尚往来。

挥官，就在波罗，他在那里训练部队，军纪严明，哪有游兵散勇越过边界的事情？我记得你两个是同学，你比他大两岁？"师源说："是大两岁，在立诚我比六大人高两个年级，熟着哩。怎么六大人也上来啦？"胡景通说："上来啦，从十七军调过来了，在那边是团长，在这边是副指挥官。"师源说："哦，那是高升啦，该当祝贺。五大人还是给六大人说一下的好，咱们的边界线是划清的，惹下事来双方都有损失，动刀动枪的，我下来了就去波罗。"胡景通说："师参谋，你书读得比他好，他是拿枪的，你去了叙叙旧，可不能瓦解我的部队啊，不然是要开杀戒的，哈哈哈……"宾主都哈哈大笑。饮茶毕，师源告辞。师源的真实身份是中共绥德地委统战部副部长。

刚出正月，李振英的一个表弟就从富平上来给学校募捐，好赖都要见上胡景铎的面。李振英领着表弟走进梁家大院，见到了胡景铎。东厢房的外间，表弟穿着棉袍、戴着眼镜，坐在靠南墙的条桌右边的椅子上，李振英坐在左边的椅子上，胡景铎坐在房间正中靠东墙的方桌左首的椅子上，尤景明在倒茶水。李振英说："副指挥，我表弟从富平上来看我，要我在弟兄们中间给学校捐些钱，说抗战胜利了，和平建国，教育最重要，还非得拜见六大人，说六大人是抗日功臣，说回去了好给学生讲一讲，要不然连胡营愣娃的营长都没见上，实在没脸回去，呵呵呵。"尤景明倒过茶水走了出去。胡景铎说："什么功臣不功臣？

可不敢当，就是一个抗日老兵。兄弟你是读书人，你看，我就在你面前，除了个子高些，再没有啥好看的，既不是貂蝉也不是吕布，还爱骂人。你要捐钱我可没有，六大人是穷穷的穷人，这振英你知道。振英你找六太太，六太太管家、管钱、管我！"三个人都呵呵笑了起来。里间，抱着孩子坐在炕上的张颖玲也扑哧一下笑出了声。守在外面的萧景寿朝胡景铎递了一个眼色，胡景铎微点了一下头。

表弟站起身，从衣兜里掏出一包香烟，小心仔细地抽出一支烟卷，双手捧着走到胡景铎面前，俯下身呈给胡景铎，压低声音说："师源先生让我一定要面见六大人，亲自给您！"表弟说着话，把烟卷的一头剥开，里面藏着一个纸卷。胡景铎看了一眼面前的表弟，又看着剥开了的烟卷，伸手接了过来。表弟退回到椅子上坐下。胡景铎取出纸卷展开，上面写着一句话——"好久不见，十分想念，想见一面，可否？"片刻沉默过后，纸卷已揉起，握在手中。胡景铎说："振英，老朋友要来，一切安顿好！"胡景铎给师源写了回信——"来信收到，希你快来，我们见面"——原路带回。

胡景铎又到高镇视察防务。高镇城墙上，重机枪位等工事布置有序，城门楼上和城墙拐角处都有持枪的哨兵，还有两队巡逻哨相向往来，胡景铎在第二大队大队长吴凤德陪同下逐处察看，不住称赞。身后落开一段距离的是萧景寿。胡景铎忽然问吴凤德："吴大队长，我记得你也

是立诚毕业的？"吴凤德回答："副指挥，我比你晚几级，九一八那一年高小毕业，直接当兵啦！"胡景铎又问："那怎么没有继续读书？"吴凤德颇有感触地回答："立诚的校训是'阐发最新的学说，陶冶理想的人格，创造健全的社会'，日本鬼子都打进来啦，中国社会四分五裂，咋能安安静静地读书？我参加了杨虎城将军的十七路军。西安事变后，杨虎城将军被蒋介石囚禁啦，十七路军被缩编成三十八军，在山西打日本鬼子，蒋介石排除异己，我就跑上来投到五大人手下。"胡景铎看着吴凤德，继续问："现在抗战胜利了，你对国内的形势咋看哩？"吴凤德严肃起来，回答："副指挥，我一切听你的命令！"两个人站在城墙上，四目相视。吴凤德说："副指挥，你和希仲一上来我就有预感，你们两个跟习仲勋是同学，那个时候上街游行、砸地主家里的金匾我都跟着参加啦，习仲勋是共产党的大官，你不当团长跑到这儿当个空头副指挥，这是迟早要把天戳个窟窿。"胡景铎笑了笑，继续问："你这样肯定？"吴凤德看着胡景铎，点了一下头，目光中闪现出一种别样的光彩，说："笠僧将军号召'创造健全的社会'，他要打败的是军阀，他还把皇帝撵出了紫禁城，那是何等的光彩！他说'吾辈武人，只能与国人做一先锋'，他还说'凡中国人皆须望其得所，此宏愿虽一时难达，却不可不立'，希仲上学的时候成天背诵笠僧将军的文章诗词，我也能背一些。杨虎城将军是笠僧将军的部下，现在杨虎

城将军被蒋介石不知道囚禁在哪里，反对蒋介石就是彻底消灭军阀！"胡景铎神情肃然，他知道立诚的学生都没有忘记长兄的革命足迹，许多作文题目都是从长兄的文字里来的，吴凤德背诵的这两句话，是长兄发动北京政变后在中央公园面对记者和各界人士发表的演讲，他牢记在心。

一九二四年的冬天，北京，古老的紫禁城前，装备齐整的国民军士兵在持枪站岗，朱红的皇城门敞开着，街上行人车马川流不息。

紫禁城西侧中央公园内的广场上，身躯高大、目光如炬的胡笠僧面对报社记者和社会各界计千余人发表演讲：

> 蒙诸君枉驾相临顾，甚为荣幸。余系军人，鉴于国家内争不已，国本濒于倾覆，故与焕章冯将军、禹行孙将军共同主张班师，通电言和。此纯为救国救民起见，并无何等私的见解，且余力避军人干政之嫌。试观近日国务院所发表的新贵中有无余之私人，即有一二与余有关系者，发表之后大半不肯就职。而余尤不欲荐人于当局，以蹈争权夺利之讥。余生平最恨武人争权夺利，置国事于不顾！须知直系之所以有今日之倾覆，即吾人所应奉为鉴戒者。今日人民大多数之所以表同情于国民军者，即因吾人能打破一切，为彻底之改革。如果仍不免于争权夺利、位置私人，则如国民军之信用何？望记者朋友和各界人士，将余

此意速为宣布。盖余对于北京政治方面之事，希望其彻底改革则有之，如身入其中、任事干涉或攫取美差，则皆为余所极端反对。

疾步赶来听演讲的人越聚越多，一双双眼睛都看向站在前台演讲的胡笠僧。胡笠僧继续演讲：

今日所特别提出者，即吾辈武人，只能与国人做一先锋，以后建设之责任，由海内贤豪与人民共负之，而一切制度之研究，尤望努力。鄙人之心理，一言以蔽之，在进国家于至善而已。至于派我往豫一层，我不为做官，此种头衔颇为难受。我之目的在废督裁兵。虽黎元洪提倡无效果，人多不欲再谈，然果真有办法，亦自易作。我拟从河南作起，其省长一席，或民选或委员制，如何好如何办。故此时我之主张，非特不要督军出现，即变相之督军亦不要。此又一事也。至于清室一事，友邦记者或不甚谅解，其实清室优待条件在袁氏曾修改一次，变更固不可，修改则可，此次非取消，乃修改。请想国家内，日有圣谕之事，即溥仪先生亦恐觉不安，且五族平等，不能任何族独自高出。至于每年四百万优待费，溥仪先生亦不知究作何用也。此回以二百万为八旗设立平民工厂，其子弟不会谋生者亦可谋生，乃人道上所应为

者，较诸付款于清室，使旗民反不得其所为益甚多。不特是也，凡中国人皆须望其得所，此宏愿虽一时难达，却不可不立。尚希大家都忙，此又一事也。务希国人勿有积虑，并望以后国民各尽责任，对武人不到之处尽可教训！

长兄的足迹已成历史，长兄的言辞永不能忘，树的必赴，终有贯彻之日，时在心头。

胡景铎和吴凤德遥望着远处的山峁和空迥的天际。胡景铎说："我就是要带着弟兄们走我大哥走的路。"吴凤德说："我的第二大队你放心，随时等待命令。"胡景铎说："就是秦悦文这个人不笑不恼，吃不准。"吴凤德肯定地说："秦悦文可以交心，秦悦文和林峻豪不一样，林峻豪是跟五大人的，秦悦文和谁的关系都一般，就是和温养礼走得近，那是因为温养礼是在波罗给五大人真正看摊子的，啥都要温养礼的一支笔。"

晚霞满天。胡景铎纵马向北行进，后面跟着萧景寿等几名士兵。

回到波罗堡后，晚上老朋友就来了。胡景铎带着萧景寿走进李振英居住的院子，李振英领着胡景铎走到一间房子前，胡景铎揭起厚门帘走了进去，房子里亮着灯光，萧景寿就站在院子里，李振英转身走出院子，随手合上大门。

房间里，两双手紧紧地握在一起。胡景铎压低声音激动地说："师源，终于盼到啦！"来人是穿着蓝色长袍、套着黑色皮马甲的师源，一顶黑色礼帽就搁在桌子上，桌子上点着一盏油灯。师源同样压低声音激动地说："景铎，是仲勋派我来的！"胡景铎说："仲勋现在绥德还是在延安？"师源说："仲勋在延安，现在是中共中央西北局书记，兼陕甘宁晋绥联防军代政委，把我从关中调上来就是和你联系啊！"胡景铎说："好！好！好！我和仲勋十几年都没见面啦，咱们也有——八年没见啦。"师源说："是啊！三八年春上我把抗日义勇军交给你后进了边区，八年啦。"

八年前，庄里镇外，石川河畔，一支五十多人的队伍在李振英的带领下开展训练，许秀岐站在一旁。远处，高大英武的国民革命军青年军官胡景铎在和穿着长衫、戴着礼帽的青年教师师源谈话。师源说："景铎，咱们和仲勋都是立诚的学生，明人不说暗话，现在情况紧急，我给你说，仲勋是共产党，我也是共产党，这些青年里面有我们的组织，都是有志报国的好青年，还请你能关照保护。"胡景铎说："师源，你放心！我从山西回来就走的延安，在延安度过了一个革命的三八节，还在桥儿沟大礼堂听了毛泽东主席的时事报告，大家都争着留在延安到抗大学习，我也想留在延安，最后留下了两名排长。我在延安知道了仲勋是关中分区的书记，想去见一面，但是时间有

限，在延安又多待了几天，没去成。咱们都是立诚的学生，心没变，你们的组织和人在我这儿是安全的！"师源说："景铎，谢谢你！我的身份已经暴露了，得赶紧撤进边区，保安团随时会来抓我，学校和家里都回不去啦！"胡景铎说："杨明轩在西安八路军办事处，我送你过去，从八路军办事处大大方方地进边区，你见了仲勋一定把我的问候带到，咱们是国共合作抗战嘛！"两双手紧紧地握在了一起。

房间里，两双手紧紧地握在一起。

从胡景铎的信经邓友梅送出，到习仲勋派师源来，已经过去了五个月。秋去冬尽，春天来了，波罗堡外边的山峁已经铺上了一层嫩嫩的翠绿。胡景铎的话语清晰地传递在山峁上、沟壑间——"现在，仲勋派你来了，我就再也不用吃蒋介石的饭啦！十几年前，杨明轩、刘秉麟就教导我，利用我大哥胡笠僧的关系找他的旧部下，打入军队掌握武装。这些年，我也多次找党，渴望得到党的指示。你回去报告仲勋，我决定在波罗堡一线发动起义，把部队带进边区。我随时听候党的指示！"

阳光和煦，大地一片光明。胡景铎在城墙上察看防务。师源的话语长久地回响在波罗堡上空——"党中央在延安，陕甘宁边区的一切军事、政治行动都要报告毛主席。毛主席指出，要争取和平，绝不打第一枪，但内战的危机严重存在。仲勋嘱咐你'积极准备，隐蔽待机，

波罗堡城墙遗址

听候指示，配合行动’，还特别嘱咐你和希仲一定要注意安全。”

抗战胜利后，民众渴盼和平建设，蒋介石积极准备内战。在日本投降前夕，国民党军胡宗南部就突然进占了陕甘宁边区南线爷台山东西的广大区域，意欲挑起内战，没想到被边区军民迅速干净彻底地赶了出去。中国共产党的方针是坚决反对内战，力争实现两党合作、和平发展，做出必要的让步，如果蒋介石还是要发动内战，就采取自卫战争，击破其进攻。日本投降了，蒋介石在几天内连续三次电请毛泽东赴重庆谈判。不来，内战的责任就在共产党头上；来，谈是需要时间的，调兵遣将正需要时间。一九四五年八月二十八日，毛泽东从延安飞赴重庆谈判。

一九四五年十月十日，国共双方签订了《政府与中共代表会谈纪要》，史称《双十协定》。十月十三日，蒋介石发布进攻解放区的"酉元密令"，要求国民党军队将领："遵照中正所订的剿匪手本，督励所属，努力进剿，迅速达成任务，其功于国家者必得膺赐，其迟滞贻误者，当必执法以罪。希转饬所属剿共部队官兵一体悉遵为要。"

收到邓友梅转来的信时，习仲勋已经出任中共中央西北局书记，兼陕甘宁晋绥联防军代政委，直接肩负着保卫陕甘宁边区的重任。

习仲勋选定师源去波罗堡联系胡景铎，决定师源先去榆林，面见胡景通后再去见胡景铎，并且以陕甘宁晋绥联防军参谋的身份公开去谈判边界纠纷，是有着充分的考虑。选定师源，是因为师源和胡景铎有着一段渊源，当年临危相托，执手订交。决定师源公开去榆林谈判边界纠纷，公开去波罗堡谈判边界纠纷，是因为双方边界时有纠纷，公开去谈判，合情合理。决定先去榆林再去波罗堡，先见胡景通再见胡景铎，是因为胡景通是陕北保安指挥部指挥官，在波罗堡一线经营有年，胡景铎上来做的是他的副指挥官，谈判波罗堡一线的边界问题理应先拜会指挥官，和指挥官谈到波罗堡也就自然谈到了另一个熟人副指挥官。反之，绕开胡景通，径直到波罗堡一线谈判边界纠纷以寻找胡景铎，则无异于打草惊蛇。再者，师源和胡景通也是老熟人，前来拜访，互致问候，还可以摸一摸胡

景通的情况。如果秘密去，两眼一抹黑，势必增加许多危险因素，而在榆林的胡希仲和邓友梅显然处在被秘密监视中，在没有另外建立起一个稳妥的联系渠道之前，公开反而安全。

师源从榆林返回边区后就派交通员给胡景铎送来密信，相约见面，是考虑到已经确定胡景铎就在波罗堡练兵，而胡景铎身边的李振英、许秀岐等人都是信得过的，便于联系。联系上也就建立起了一条秘密的渠道，同时还能为公开去做足戏，毕竟公开只能去一次，榆林城里时刻注视着。此前，胡景铎的旧部从固原返回庄里镇后，当年临危相托的一名共产党员便进入边区找到师源，汇报了在胡部几年间的工作，和胡景铎带领旧部新兵一千多人北上的事情，只是并不知道北上后的具体情况。

交通员来了，师源来了，和习仲勋的直接联系建立起来了，波罗堡没有风吹草动，石湾那边出了状况。

保九团团部里，林峻豪和张亚雄、范止英三个人坐在桌前，桌上摆着一份电报。林峻豪紧绷着脸，恼恨不迭地说："通共通共，我早就说过，党字尚黑，不是什么好东西。这不，惹下麻烦啦？榆林来的电报，丁彦荣通共，让马上抓起来。秦副团长在高镇，就不通知啦。说吧，咋处理？"林峻豪的眼睛瞪着电报，张亚雄和范止英也看着电报，电报内容都能背下来——"查丁彦荣有通共嫌疑，着押送榆林。"范止英看了一眼林峻豪，又看了一眼张亚

雄，盯着电报说："弟兄们和那边倒换些东西这咋都避免不了，石湾在边边儿上么，一抬脚就过了界。丁彦荣是三中队中队长，光是倒换些东西就不是啥大事情，查清楚了收拾一顿。平常也没看他对共产党有兴趣，是个驴脾气么。要是真的通共，我考虑，那就不是一个人的事情，手底下还会有谁？有一个都不能大意。"林峻豪没言语，脸还是紧绷着。张亚雄看了看范止英，又看了看林峻豪，说："还是不能打草惊蛇，弄不好部队发生意外情况咋办？可以先把丁彦荣的三中队调进来，和四中队对调，搁在镇子里头，再不动声色地审查，他飞也飞不了。这样不打草惊蛇，还能完全掌控。"林峻豪沉默了一会儿，脸不再那么紧绷了，看向范止英。范止英点了一下头。林峻豪看向张亚雄说："现在就办！"

石湾镇内，四中队的士兵列队走上镇北的寨子。寨子上，三中队的士兵列队走下来，交错行进。张亚雄和两个绅士模样的人站在街道边闲逛着，身后是一个气派的院落，大门一侧悬挂着"绥德、米脂、安定、葭县、吴堡五县联合党部"的大牌子，另一侧悬挂着"石湾镇公所"的大牌子。三中队走过来，走在前面的中队长丁彦荣高喊口令："立定！"三中队全体立定。丁彦荣高喊口令："向右转！"三中队全体向右转。丁彦荣高喊口令："敬礼！"三中队全体向张亚雄敬礼。张亚雄立正还礼。丁彦荣高喊口令："向左转！"三中队全体向左转。丁彦荣高喊口令：

"齐步走！"丁彦荣个头不高，目光凌厉，竟没有看一眼张亚雄身边的人。

丁彦荣是胡营愣娃的骨干。借机把丁彦荣和他的三中队换防到镇子里面，便于起义时迅速控制团部等重要目标，而就近审查通共与否说来最稳妥，这是张亚雄和范止英急中生智的一个妙招。

石湾有惊无险。

波罗堡迎来了师参谋。梁家大院外，两名哨兵持枪分立两边，身姿挺拔，大门一边还站立着装备整齐，同样身姿挺拔的两名八路军战士，大门另一边还站立着装备整齐，同样身姿挺拔的萧景寿和黄福禄。

梁家大院内，特务连连长尤景春住的门房的门虚掩着，西厢房的门锁着，东厢房的门敞开着，北屋的门同样敞开着。抱着孩子的张颖玲把两张钞票递给勤务员尤景明："买烟去，红锡包。"尤景明接过钱，嘴一噘，说："咋买恁好的？"张颖玲没好气地说："买去！"说着话，张颖玲向屋子里瞪了一眼。尤景明跑步去买烟。张颖玲走到门房前，喊道："尤连长！"没人回应。黄福禄从门外跑进来说："六太太，尤连长到指挥部去了。"张颖玲对黄福禄说："黄福禄，你去给尤连长说一下，让把住处给安顿到方主任家，都是富平乡党。"

东屋里，胡景铎和穿着一身八路军灰布军装的陕甘宁晋绥联防军参谋师源客气地谈说着。桌子上倒着茶水。师

源从提包里取出一个不大的包袱，搁到桌子上，站起身打开，是崭新的花花棉布。师源说："六大人，这是给娃的，一点儿心意。"说着话，双手捧着递了过去。胡景铎站起身伸出双手接过来，甚是欣赏地看了又看，说："师参谋，咱们是老熟人，太客气啦！"胡景铎顺手把包袱和棉布就放在桌边。

张颖玲坐在北屋房檐下的一张小板凳上，瞅着院子和大门口，脸上写着明明白白的不高兴。梁大嫂抱着孩子站在一边，小声哼唱着儿歌，孩子睁大着骨碌碌的眼睛。

胡景铎和师源低声谈话。师源说："蒋介石正在发动内战。现在的方针是'建党建军、准备力量，长期隐蔽、待机而动'。仲勋意见，准备接收你为中共党员，还问你有什么要求？"胡景铎说："这是我二十多年的心愿！"师源说："你的入党要经过中央批准。"胡景铎说："组织问题解决了，就毫无牵挂了。还有一些骨干，反蒋胡、要求起义都是坚决的。"师源说："我回去报告西北局，研究解决。"胡景铎说："你给仲勋汇报，给我派一些人进来帮助工作，掌握部队。"师源点点头说："现在情况困难，你能不能支持一些枪支弹药？"胡景铎说："张亚雄和许秀岐在石湾，你安排人和许秀岐直接联系。这一次回去你就走石湾，振英把你送到高镇，许秀岐到高镇接你，由他送你出境，都是老熟人，和和气气嘛。"

街巷里，手里攥着一盒红锡包香烟和一张小面额钞票的尤景明一路小跑，跑回梁家大院。

那天晚上，陕甘宁晋绥联防军参谋师源住宿在陕北保安指挥部政训主任方明杰的家里，两个人都是富平人，也是老熟人。

第二天上午，参将府陕北保安指挥部大厅里，陕甘宁边区和晋陕绥边区边界纠纷波罗堡谈判开始进行。一条长桌，一侧是陕甘宁晋绥联防军参谋师源，师源身后站着一名八路军战士；一侧是陕北保安指挥部参谋主任温养礼，温养礼身后站着特务连连长尤景春。胡景铎坐在长桌上首，面向悬挂在墙上的军事布防图。姚绍文和一名八路军战士分站在军事布防图前。师源愤愤地说："温主任，你们石湾的部队经常越过界线二十多里骚扰群众、拦截客商，抢粮食、抢物资，还开枪打伤了人，闹得路断人稀，老百姓都骂土匪哩！高镇的部队把双方划定的界线朝东整整推了十里地，还每天巡逻一回！"随着师源的话语，军事地图前的那名八路军战士拿着一支铅笔在一一标注着。温养礼同样愤愤地说："师参谋，你说的事情都不存在，我们的部队和周围的群众有些来往这是正常现象。咱们双方的边界线是划定的。我们的防区本就南北长、东西窄，你们的部队和干部经常越过界线来搞事情，开会、发传单、拉人、拉粮食，这是蛤蟆吃过了界畔！高镇东西两面都有你们的人在活动，明显是要掐断波罗和石湾的

联系，要孤立石湾。"随着温养礼的话语，姚绍文拿着一支铅笔在——标注着。双方唇枪舌剑、你来我往、反复拉锯。胡景铎大马金刀地坐在那里，静静地听着、看着。

五、准　备

晚霞如火，烧红天际。榆林城外，胡景铎和胡希仲、李振华、魏茂臣、杨汉三沿着小河边散步。魏茂臣是二十二军副官主任，年逾四旬，幼年父母双亡，当过走街串巷的小贩，十几岁投到胡景翼麾下，参加过北京政变、北伐战争和抗日战争，最看不惯贪官污吏，但为人随和可亲。杨汉三是二十二军独立骑兵搜索连连长，性子急、心肠直，和胡景铎一样爱骂蒋介石、爱骂胡宗南，打仗勇猛顽强，职务老是连长。胡宗南给榆林打电话叫把他监视起来，胡景通惜才，把他和他的骑兵搜索连外放到海流兔庙，还另外派驻了两个连队做伴。警卫员萧景寿和黄福禄跟在后边不远处，萧景寿牵着一匹马，黄福禄牵着两匹马。警卫员张金生和其他几名战士进驻榆林后，被李振华陆续安排到不同岗位上，没有一个留在身边。李振华完成了骑六师的裁撤工作后，被邓宝珊调任晋陕绥边区总司令部参谋处中校参谋，在榆林军界已初露头角。

五个人边走边谈。胡景铎说："仲勋已经派师源来了

两次。"胡希仲说："终于等到啦，咱们放手干！"胡景铎说："下一步，我在波罗举办军干训练班，轮训官兵，培养骨干，希仲和茂臣注意榆林各方面的动态，打打掩护，振华注意收集好军事情报，榆林的城防和各个防线的兵力火力，要尽可能详细，汉三把部队控制好，把骨干抓住，对那两个连要早做准备。咱要坚决落实仲勋和西北局的指示——'建党建军、准备力量，长期隐蔽、待机而动'。"胡希仲和李振华、魏茂臣、杨汉三纷纷点头。李振华说："景铎，现在起你要减少来榆林，不叫不到，做好应变。"胡景铎说："嗯，我们就是要在陕甘宁北线给蒋介石和胡宗南当头一棒！"五个人的脸上洋溢着无比振奋的神采，眼睛里满是坚毅。

从榆林回到波罗堡，黄福禄很快和刚刚升任排长的雷子扬成了好兄弟。这天，两个人肩并肩地在街巷上闲逛，一人手夹一支香烟，雷子扬的另一只手里拿着一包拆开的香烟，黄福禄的一个衣兜里鼓鼓的，装着一包香烟。两个人边走边聊。雷子扬说："福禄哥，八路军那个师参谋跟六大人得是老朋友？"黄福禄说："老朋友？不是不是，六太太意见大哩很，让尤景明买个红锡包烟都嫌花钱多啦。"雷子扬说："给六大人娃就拿了些花花布？"黄福禄说："就几尺花花布么，六大人还稀罕这？你要，叫六太太送给你，六太太瞅着那烂花花布就生气。"雷子扬说："好事成双么，咋光拿些花花布？这都能拿得出手？"黄

福禄说："嗨！听说共产党那边不兴送礼，没个人情世故么。兄弟，你问这咋哩？"雷子扬不好意思地笑了笑说："没见过共产党的官么，不知道是个啥样子。"黄福禄朝天空吐了一个烟圈说："都是啬皮！"

夜晚，梁家大院东厢房的门敞开着，黄福禄站在院子里。

东厢房外间，胡景铎和三大队机枪中队队长郑崇源分坐在方桌两边，方桌上摊开着一个不大的包袱，上边有三样东西：一对金镯子、一个金牌牌和一对金箍子，在灯光下金光灿灿，看上去沉甸甸的。萧景寿和一名战士站在方桌前。胡景铎说："拿这些东西到包头去，不要换些破铜烂铁回来，我就这些家当啦！"萧景寿和那名战士立正回答："是！"郑崇源站起身，看了看包袱上的三样东西，把包袱包起来系好，又看了看里间，双手把包袱交给萧景寿说："东西带好，快去快回！"把包袱贴胸收好，萧景寿和那名战士一起立正敬礼。

里间，张颖玲抱着半岁多的孩子坐在炕沿上，两行泪水流得长长的，流到孩子的脸上，孩子吐着舌头在努力地吮吸着。张颖玲实在伤心透了，只有一对金箍子，那是结婚前婆婆给的，一个有二两重，这就拿去啦？结婚以后，说也不说一声，就不给买金戒指啦，就不给买金耳环啦，在账房借了十万元哩。那一对金手镯，那一个金牌牌，都是娃满月人家送的。一个金手镯有一两多，一个金牌牌也

有一两重，那是人家送给娃的么，再没啥拿去啦？娃的都拿去啦？跟上军人享不了福，享不了福也不能倒贴呀？还有个啥哩？空空的！张颖玲无声地啜泣着。因为，外间还坐着人。

胡景铎第三次到高镇视察防务。在城墙上，胡景铎和秦悦文边走边谈，后面跟着黄福禄。胡景铎说："悦文兄，国共内战将起，不可避免，不知你对当前局势有何看法？我们这支部队的前途会怎么样？"始终一脸平静的秦悦文变得严肃起来，收住脚，双眼直视胡景铎说："副指挥，我立诚毕业后也跟着武字区的马德禄闹过革命，知道你拉起抗日义勇军的事，后来武字区失败啦，当了几天小学教员，在底下待不住，就上来跟着五大人。各人走过的路不一样，但我坚决反对内战，坚决反对蒋介石，坚决服从你的命令！"秦悦文话语明白，目光透亮。

一批关中子弟上来投奔胡家六大人。胡家六大人大为赞赏，亲自训话。十几个高矮胖瘦不同的青年站在参将府陕北保安指挥部大厅前，站成基本端正的两排。胡景铎从大厅里面走了出来，威风凛凛地站在台阶上，后面跟着姚绍文和李振英。胡景铎逐一看向眼前的关中子弟，十分满意地点点头说："李队长说弟兄们都是关中子弟，大老远上来了，好样的！上来了，就好好干！"十几个关中子弟充满崇拜和感激地看着胡景铎。胡景铎对姚绍文说："姚参谋，把弟兄们分到各个中队，给石湾、高镇都分下

去。今儿先在波罗住下，晚饭好好吃一顿，加两个菜，吃饱！"姚绍文立正回答："是！"胡景铎又看向眼前的关中子弟说："好男儿就要从军报国，谋个好前程！还有想上来的，捎个信回去，都上来跟着我胡老六干，我不会亏待弟兄们！"十几个关中子弟或作揖或鞠躬，还有的抬起胳膊敬着并不标准的军礼，口中连连说："谢谢六大人！谢谢六大人！"

　　陕北保安指挥部军干训练班开课了，教室设在波罗堡外接引寺内的真武祖师爷大殿里。接引寺佛道并处，香火旺盛。军干训练班的讲台是一张条桌，讲台后边的墙壁上挂着一块黑板，胡景铎坐在条桌后面，一百多名学员整整

接引寺

齐齐地坐在下面的一排排凳子上，真武祖师爷就守在那里默默注视着。胡景铎作了开班讲话，他说："军干训练班第一期今天就开班了，班主任是姚绍文参谋，军事教官是三大队机枪中队郑崇源中队长，我负责精神讲话。啥是精神？就是中国军人的精神是什么。军人军人，保家卫国，根本的，就是爱国、爱民，反对军阀、反对内战！军人不是土匪，不能有奶便是娘，不能不明是非、不问黑白、不辨东西。小日本投降了，我们该重建家园、重建国家了。人民受的罪还少吗？还不够吗？多少人妻离子散？我在山西抗战，多少个村子被日本人杀光了、抢光了、烧光了，给你连一个种都不留！八年抗战，今天胜利了，人民期盼什么？国家需要什么？我辈军人当何去何从？这个道理很简单，很明白，但就是有人在搞内战。为什么？因为他认为抗战胜利是他一个人的功劳，他要独裁统治。内战就在眼前！我们这些杂牌军就是他的炮灰！十七军的高桂滋抗战有功，是我的老上级，能打仗、老好人，咋样？挂了个虚名就被排挤掉了。咱骑六师的番号为什么被撤销？陕北保安指挥部三个团为什么要缩编为一个团？既要咱当炮灰，又要把咱揉得碎碎的，捏得扁扁的，最好一去不回，人家好坐收渔利。有人还不相信，不愿意接受这个事实。那么，你看，胡宗南为什么要在榆林修机场？日夜抢修、一刻不停？这是要把嫡系部队空运过来，端着枪、架着炮跟在咱后面，咱不当炮灰

谁当炮灰？你不是人家的亲儿子、亲孙子，你是蛮儿子，是马车后面的草包——捎带货。抗战胜利了，嫡系的中央军哪一个不是兵强马壮、趾高气扬？要人给人、要枪给枪？为什么连个军装被褥都不给你发？为什么连几块大洋的军饷都不给你发？抗战胜利了，嫡系的中央军哪一个不是大发接收财？中央的大员不是讲究什么'五子登科'吗？啥'五子'，就是金子、票子、房子、车子、女子。'五子登科'，一子不少。抗战胜利了，蒋介石、胡宗南把你利用完啦，该是卸磨杀驴啦！你要是还不明白，还在装糊涂，危险得很啊！我们是中国军人，我们要反对军阀、反对内战！我们要拥护和平、拥护民主！"学员们睁大眼睛看着讲台上的胡景铎，脸上是惊讶、愕然和迷惑、惶恐。胡景铎继续讲："话又说回来，胡宗南这个人和我是一家子，太了解了，四个字——志大才疏。你看，有两瓦瓮粗，一瓦瓮高，顶门去太低，支桌子太高。"胡景铎一边讲着一边比画着。学员们哈哈大笑。胡景铎接着讲："人常说，名师出高徒。胡宗南的老师是谁？人家是黄埔的高才生，天子门生，人家的老师就是蒋校长、蒋委员长、蒋介石。蒋委员长这个人，我三一年就认识啦。九一八事变，我到南京请愿抗日，听了他的讲话，反反复复就六个字——攘外必先安内——有道理吗？有一大车的道理，但就是不抗日！日本人都占了东三省，国将不国了，你还在打内战，你还在攘外必先安内，你还在兄弟

打架分家当哩？你就是不一致对外，你就是不抗日！你是爱国的？你是卖国的？你认为日寇是我们中华民族的死敌？你还是认为日寇才是你的亲兄弟？你让开大路让日寇长驱直入占领中国？后来，张学良、杨虎城两位将军发动西安事变，把蒋介石抓了起来，好吃好喝地供着，蒋介石这才下令打日本人。杨虎城和我是兄弟，现在都不知道被蒋介石囚禁在哪里！张学良也不知道被蒋介石囚禁在哪里！张学良、杨虎城是抗战胜利的罪人还是抗战胜利的功臣？张学良、杨虎城是国民党和国民政府的罪人还是国民党和国民政府的功臣？张学良、杨虎城是中华民族的罪人还是中华民族的功臣？你囚禁张学良、杨虎城是要干什么？你蒋介石是最高领袖，你是要赏功臣还是要杀功臣？你到底是个啥人？要我说，太简单了，一眼就看透了，你看他的姓——”胡景铎站起身，拿起一支粉笔走到黑板前写下一个“艹”，说：“这是草字头，草头。”胡景铎继续在下面写出“将”，说：“这是个将。这是一个什么将？不就是个草头将吗？还是戴着草帽、左右两面、上下三块组成的，是个两面三刀的草头将、草头王嘛！两面三刀、分化拉拢、清除异己、个人独裁，管他卖国不卖国，管他人民不人民，这就是蒋介石一贯的路数，时间长啦，大家都知道！”学员们一个个都支起耳朵听着，睁大眼睛看着，咧开嘴笑着，兴致勃勃，津津有味。班主任姚绍文和军事教官郑崇源坐在学员的最后

一排。

在开学第一课的最后，胡景铎讲道："我们不要对蒋介石、胡宗南抱有希望。有什么样的老师，就有什么样的学生。你们是我的学生，我是你们的老师，大家跟我好好干。学生要听老师的话，不论任何时候、任何情况下，老师有号召，你们要坚决响应，这才是好学生！"胡景铎的精神讲话如同一颗炸雷，炸响在波罗堡，瞬间炸响，阵阵涤荡。

在军事教官郑崇源带领学员们进行战术训练时，班主任姚绍文来回察看，既抓纪律，又抓士气，严格考勤。

波罗堡内大操场遗址

吃晚饭时，学员们三三两两聚在一起。晚饭是一碗

南瓜小米稀饭、一份清炒洋芋片和两个两搅馍馍。一名学员悄声说："六大人这是想咋呀？咋愣骂蒋介石哩？"一名学员笑着说："骂得像极啦，草头将军，两面三刀，嘻嘻……"一名学员抢着说："骂胡宗南骂得好，两瓦瓮粗，一瓦瓮高，顶门去太低，支桌子太高。解气！真的解气！害得我中午饭都没吃饱，这两馍馍还是哄哄肚子。"一名学员压低声音说："看来是不跟国民党走啦！咋也不说跟共产党走，这咋得了？"一名学员不以为然地说："你不会听你老师的？你也是个三心二意、两面三刀？"那名学员恍然大悟，感叹道："哦——老师有号召，学生要响应，有前途哩！"

萧景寿买枪还没有回来，许秀岐在石湾已经送出去了一批枪支弹药。夜晚，在石湾南边的一个沟道拐弯处，许秀岐和师源派来的接头人热烈握手。许秀岐身后的几名士兵把打包好的枪支弹药移交给接头人身后的几个人。移交完毕，接头人带着几个人立即向南离去，许秀岐带着几名士兵站在那里目送着。看着已经没有了身影，许秀岐回转身，带着几名士兵快速离开。

在一九四六年六月，蒋介石已经准备好了内战，渴盼和平的人们还在奔走呼告。上海人民团体联合会选送十位请愿代表赴南京请愿和平。出发前，上海各界十多万人在街头和火车站前、站台上示威游行，高举"欢送晋京请愿代表""反对内战要求和平"等横幅，高喊"反对内战要

求和平"等口号，欢送十位请愿代表，为和平请愿壮行。一名记者拿着照相机给十位请愿代表拍下了一张合影。十位请愿代表中有两位女士，十位请愿代表的身后是汽笛已经拉响的火车。火车当天下午到达南京下关火车站。十位请愿代表刚走下火车，早已等候在那里的一群伪装成"难民"的暴徒一拥而上，开始包围毒打。十位请愿代表被一一打倒在地。打倒在地继续毒打，一位女代表的头发被一个暴徒一把扯下，顿时血流满地。就在这满地的鲜血里，蒋介石撕掉和平伪装，发动了全面内战。

六月二十六日拂晓，鄂北宣化店，漫山遍野的国民党军士兵向中原解放区发起猛烈进攻，中原解放区部队奋起抗击。当晚，中原解放区部队分三路开始突围，经过数天激烈战斗，主力进入豫鄂陕边界地区，跳出了国民党军队的包围圈。枪林弹雨，包围突围，进攻与抗击在天地间上演，正义与邪恶在昼夜间判决。全面内战开始了。渴盼和平的人们一觉醒来，发现和平死了。其实，蒋介石何曾给和平留下过一丝门缝？没有，也不会！

六月间，毛泽东在延安枣园住地约见习仲勋。习仲勋汇报了胡景铎带领的陕北保安部队决心在波罗堡一线起义。毛泽东说："很好，在胡宗南大举进攻延安前夕，就是要集中力量解决北线问题，对北线国民党军队开展统战工作，争取一切可以争取的官兵站到我们一边。要以政治争取为主，以军事打击为辅，抓紧时间组织起义，为边区

军民的自卫战争争取更大的战略回旋余地。"习仲勋加快了工作步伐。

全面内战已经开始，胡宗南就要进攻延安，胡景铎有序推进起义前的各项准备工作。军干训练班已经办了三期，培训了三百多名骨干力量，又上来了十几个投奔六大人的关中子弟，都分到不同的中队，波罗堡里该送走的客人也到了送走的时候。

一天，李振英郑重地把一封信交到雷子扬手里说："子扬，派你回庄里镇带上来一批物资，就是因为你有文化，办事可靠。这封信是副指挥写给二大人的，你一定要贴身带好，到了庄里镇面交二大人。二大人在家里准备好了物资，还准备好了送物资的人，你一定要把队带好，把物资和人都安全地带上来，千万不敢大意！"雷子扬立正敬礼。

胡景铎又到石湾视察防务，带着指挥部参谋姚绍文和警卫员黄福禄。站在镇南寨子上，胡景铎赞许地对林峻豪说："峻豪兄不愧是一员虎将！工事掩体纵横交叉，火力配置有章有法，兄弟佩服！佩服！"林峻豪打着哈哈："六大人是抗日功臣、党国精英，五大人时常夸奖，兄弟一向佩服！晚上还要多敬几杯，你可是海量啊！"胡景铎哈哈一笑："峻豪兄，战事一起，咱们可是首当其冲啊！现在正是将士用命之际，晚饭嘛，我的意思就和弟兄们一起吃吧，顺便也看一看弟兄们的伙食，给弟兄们鼓鼓劲。"

黄昏，在镇北寨子上一大队四中队伙房处，胡景铎和林峻豪、姚绍文、张亚雄及黄福禄等人依次站在排队打饭的队列里，和士兵们一起等着吃晚饭。

　　夜晚，许秀岐一家居住的院子院门已经关闭，黄福禄就静静地站在大门里。

　　房间里，一张方桌上铺着一片旧布，上面对角点着两支蜡烛，中间堆放着一副麻将牌和开着瓶口的半瓶白酒。胡景铎和张亚雄、姚绍文、许秀岐以及一名士兵打扮的人围坐在桌前，每个人都坐得笔直，神情严肃。那名士兵打扮的人低声说："我受师源同志委派，前来宣布有关决定：经中共中央和毛泽东主席批准，胡景铎同志为中国共产党党员，介绍人是习仲勋，党龄从一九四六年七月一日开始算起，没有预备期；经中共中央西北局批准，李振华、张亚雄、姚绍文、许秀岐、杨汉三、魏茂臣、李振英、丁彦荣八名同志为中国共产党党员，介绍人是胡景铎，党龄从一九四六年八月一日开始算起，预备期半年。"一霎时，胡景铎和张亚雄、姚绍文、许秀岐热泪盈眶，不能自已。

　　这一天来到了，这一天来得是那样迟，又是这么早，这是党的信任！这是党的关心！这是党的鼓励！打入军队掌握武装，留在党外为党做工作。一眨眼，十几年过去。经中共中央和毛泽东主席批准，经中共中央西北局批准，这一刻，已然铭记在心。七月一日、八月一日，这是党的生日，这是人民军队的生日，作为一名党员，作为一

名战士，还有比这更幸福的吗？什么是幸福？这就是幸福！几个人都站起来。那名士兵打扮的人依次走到胡景铎和张亚雄、姚绍文、许秀岐面前，伸出双手，紧紧地握手，张开双臂，紧紧地拥抱！

师源已经公开去过波罗堡，返回时又途经了高镇、石湾，秘密的公开的都不再适合前来了，一切必须万无一失。胡景铎这一次视察石湾，主要任务就是听取师源派人传达他和李振华等人入党的决定，在场的只有他和张亚雄、姚绍文、许秀岐四个人，其他五个人都不能前来参加，李振华和杨汉三、魏茂臣都在榆林，李振英留在波罗堡，丁彦荣就在石湾，但有过通共的嫌疑，被换防进镇子里面秘密审查，当然不可能被许秀岐邀请到家和副指挥官深夜打麻将了，还是就地在镇子里面打好掩护。

副指挥官胡景铎去了石湾，参谋主任温养礼给榆林打了一个电话。坐在参将府陕北保安指挥部内，温养礼拿着话筒："五大人，六大人在波罗办了个军干训练班，训练班排长，搞什么精神讲话，大骂蒋委员长，还嘲笑胡宗南长官，给编的顺口溜。嗯，嗯，说蒋委员长是个草头将军，两面三刀。嗯，嗯，说胡宗南长官一瓦瓮高，两瓦瓮粗，顶门去太低，支桌子又太高。嗯嗯，我知道了。是！是！没有说共产党，就是骂蒋委员长，骂胡宗南长官。是！是！"放下话筒，温养礼如释重负，嘴角露出一丝神秘的微笑。

夜深人静，在榆林城内晋陕绥边区总司令部参谋处的办公室里，李振华把一包捆扎好的资料装进一名士兵双手撑开的黄色军用挎包里。士兵仔细地把挎包扣好，双手抱在胸前。两个人在桌子前坐下。李振华神情严肃地说："长庚，这是我从二十二军军部搞到的，全陕北所有部队的兵力数量、兵力部署、部队番号、火器数量、火力配备以及作战方案、图表，全都在里面，路上千万小心，一旦暴露了要掉头的！"李振华面前的士兵姓夏，是驻防石湾的许秀岐的机枪中队的一名排长，参加了军干训练班的学习。夏长庚神情严峻起来，抱着挎包的两只手不由得抓得更紧了，瞪大的眼睛直视着李振华说："李团长，城门上盘查咋办？出了城就不怕啦。"李振华说："我送你出城。"夏长庚咬紧牙关，点了一下头。李振华说："准备起义了，这是唯一出路。"灯光熄灭了。窗外透进来微弱星光。李振华和衣睡在办公桌上。夏长庚紧抱着挎包睡在并在一起的两张椅子上。

清晨，李振华带着夏长庚走到了南门口。持枪的哨兵看见李振华，赶紧立正敬礼。李振华立正还礼，接着向城外走去。夏长庚跟在李振华身后，军姿严整地迈步向前。

榆林城外，小河畔，李振华驻足远望。毛乌素沙漠里，夏长庚快步跑去的身影越来越小，渐渐望不见了。李振华迈步向桃林山庄走去。李振华是晋陕绥边区总司令部参谋处的中校参谋，平日办公不在榆林城内的办公室，就

在榆林城外的桃林山庄，和南门口的士兵都是老熟人。

烈日下，胸前挂着挎包的夏长庚抢开膀子向前奔跑，脸上汗水淋漓，身上的军装已经湿透，呼哧呼哧地在空旷无边的沙漠上快速推进。

太阳西移，光线愈加炙热刺眼。夏长庚的脚步一刻不停，跑一阵儿，走一阵儿，接着再跑。

黄昏，夏长庚涉水渡过了无定河，抬头就是高大的波罗堡。夏长庚喘了一口气，一脸轻松，甩了甩衣裤上的水，检查了一下挎包，放开脚步走进波罗堡。

顺利回到波罗堡，夏长庚把完好无损的资料交给了胡景铎。第二天，胡景铎把夏长庚叫过去，对他说："任务完成得很好！你下来回到石湾去，要很好地协助张团副和许队长，将石湾的起义准备工作做好！"夏长庚立正敬礼。胡景铎目光严肃。

夏长庚回到石湾后，张亚雄安排他去东边的川道里接一个人，是立诚学校的杨先生，要到波罗堡看望副指挥官，骑着毛驴来，让他把人接到许秀岐家里。夏长庚出了石湾，在川道里向东走了几里地，迎面从东边过来一个骑着毛驴的人，后面还跟着一个背着褡裢赶牲口的。毛驴上的人穿着一件黑色长衫，戴着一顶灰色礼帽，浓眉大眼。夏长庚上前询问，来人正是杨先生。杨先生从驴背上下来，跟着夏长庚走进了石湾。

杨先生在许秀岐家住了一宿，许秀岐热情接待，张亚

雄没有出现。第二天，夏长庚带着两名士兵一路护送杨先生到了波罗堡。

这位杨先生的真实身份是中共中央西北局统战部处长范明，是习仲勋选定的接替师源的联系人。范明和胡景铎素不相识，却有一段渊源。范明本名郝克勇，其伯父郝隆光和邓宝珊等人一起是讨袁伐段时期胡景翼"十大连"的连长，在胡景翼病逝后，郝隆光伤心无比，离开部队归乡隐居。论说起来，两家是世交关系。

杨先生进了波罗堡，六大人专门请到家中招待。六大人领着杨先生走进梁家大院，后面跟着的尤景明手里提着一个皮包。走到东厢房前，六大人礼貌有加地伸出右手向前引领着说："杨先生，请！"杨先生谦让着说："六大人请！"走进房间，六大人招呼杨先生朝正中的方桌右侧就座："请！请！"杨先生客客气气地坐下。尤景明把皮包轻轻搁到靠南边的条桌上，过来给杨先生和六大人先后倒上茶水。六大人对尤景明说："你也去休息吧。"尤景明转身离去。六大人请杨先生喝茶。六太太抱着孩子从里间走了出来。六大人对六太太说："这是你立诚学校的杨先生。"六太太眼睛一亮，看了一眼转过头又看向六大人，懵懵懂懂地说："我咋认不得哩？"六大人白了一眼六太太，说："你能认得几个老师？"杨先生站起身，从怀里掏出几张钞票来——两百法币——塞到孩子的小手里，说："这是六太太和旦旦娃？老太太一天在庄里念叨哩。"六

大人连忙起身说:"杨先生太客气啦!太客气啦!"杨先生连声说:"应该的,应该的。"杨先生又移步到条桌前,打开包,从里面取出两块绸布料子和两条狮子牌香烟:"这是老太太让带上来给六太太和娃的,这两条烟是给六大人的。"六大人走上前接过绸布料子和香烟,请杨先生再次就座后,对六太太说:"还不赶紧谢谢杨先生!"六太太向杨先生点头致谢:"谢谢杨先生!我在立诚就上了一学期半,您别见怪!"杨先生笑着说:"六太太你当时上的是初中部吧,我一直在小学部教书,教的是数学,咱们不认识很正常。我现在管着教务,是二大人派我上来,学校的一些事情还得六大人定夺。"六大人看着六太太,低声叮咛:"你站到门口去,有事你咳嗽一下。"六太太抱着孩子走了出去。

张颖玲抱着孩子就站在东厢房的门外边。

房间里,范明撩开右胁下的衣服,从贴身的夹层里一点一点拆下来一片白绫子,白绫子上面写着字。范明把白绫子递给胡景铎,压低声音说:"这是仲勋给你的信。"胡景铎接了过去,捧在手中,手在微微颤动。读着信,胡景铎耳畔响起久违了的习仲勋的话语——"景铎同志:范明同志受西北局委派,前来同你商定起义实施的具体事项……"泪水模糊了双眼,瞬间又回到了少年时代一起走上街头宣传革命、斗争土豪劣绅的日子里。

立诚学校的师生在庄里镇街头游行示威,挥舞小彩

旗，一路向前，高呼口号——"打倒土豪劣绅！""铲除贪官污吏！"胡景铎和习仲勋奔走在游行队伍的前面张贴标语，习仲勋把糨糊刷到墙上，胡景铎把标语贴到上面——"打倒土豪劣绅！"

庄里镇东关，游行示威的师生和参加进来的群众高呼口号涌进一个地主豪绅的家，把悬挂在厅堂上的"名重梓里"的金字牌匾摘了下来，用脚踩碎。一条小巷里，头戴瓜皮礼帽的地主豪绅爬上一匹马落荒而逃，

游行示威的师生走进了农村，农民们寻着一阵阵口号声走出家门，看见挥舞小彩旗、高呼口号的师生，备受鼓舞，也挥动手臂，一起高呼——"打倒土豪劣绅！""铲除贪官污吏！"胡景铎和习仲勋把一张标语贴到墙壁上——"铲除贪官污吏！"

少年往事，历历在目。

见字如面，同学同志！

在波罗堡南门城楼上，胡景铎和范明进行了长时间的谈话。范明说："蒋介石已经打开内战，发起了全面进攻，向我中原地区、东北地区、华东地区等都派出重兵围剿。毛主席指出，将大城市和交通线避开，集结兵力，占领广大农村，包围城市，伸延蒋介石的兵力，使其分散开来，以便消耗和各个击破。这一点要告诉同志们有所准备，不要为一时的形势所迷惑。中央指示你们，要加强准备，忍耐、待机，听中央指示行动，万万不可轻举妄动，以免党

在政治上、军事上处于被动，给敌人以可乘之机。"胡景铎点点头说："榆林方面日夜赶修机场，准备空运部队到陕北，蒋介石和胡宗南有从南北两线夹击边区的行动迹象。"范明说："边区只有军委控制的两个机动旅，目前才去接应中原突围的三五九旅，部队都很疲劳。你们要忍耐一下，等候中央的指示。"胡景铎说："我们就是要在党和边区暂时困难的时候起义，用实际行动告诉人民，我们决不做蒋家王朝的一抔黄土！在党形势好的情况下，或者是在自己不得志的情况下起义，不光彩！"范明说："景铎同志，仲勋和西北局的意见是，起义部队的番号以西北民主联军骑兵第六师为好，继承辛亥革命精神和北伐精神，

波罗堡南门遗址

时间初步定在十月十号，双十节那一天，具体行动计划还得听取你的意见。"胡景铎说："我考虑可以有三个方案：一个是起义后乘势进攻并夺取榆林，彻底解决陕北问题；一个是只解放无定河以南地区，使榆林失去屏障；再一个是一旦出现失控情况，起义部队立即进入边区。振华同志熟悉榆林的情况，他可以先到延安去。"太阳在南方的天空漫步，一朵朵白云在天边游弋，一阵阵清风徐徐而来。城楼之上的谈话在进行中。

师源两次来波罗堡停留的时间都很短暂，范明第一次来波罗堡就住了一个星期，因为他是立诚学校的杨先生。

范明走后，胡景铎即安排李振华离开榆林，到延安去。李振华去桃林山庄向邓宝珊请假，出了状况。邓宝珊坐在办公桌前，李振华就站立在办公桌旁边，一脸焦虑。邓宝珊关心地说："母亲有疾，儿女忧心。你回去后一定代问伯母安好。振华，你还是和我的副官一起走宁夏吧，他刚好要去西安，不要走延安，现在形势越来越糟，路上要注意安全。"办公桌上放着一封电报，电报内容是"婆母病势沉重，已从北平来陕，盼速归，玉儒"，旁边是邓宝珊墨迹未干的批示——"同意，邓瑜"。

电报是胡景铎安排人从关中发上来的，以此为理由让李振华请假离开榆林，回到波罗堡，直接进入边区，到延安去。李振华走出桃林山庄，抬眼望着波罗堡的方向，一脸无奈。

预定起义的日子临近了。但是，指挥官在榆林招呼副指挥官有要事商洽，副指挥官当然不能不去榆林商洽要事。

黄昏，榆林城外，胡景铎一行五人骑马南来，停在一家小客店前。五人下马，胡景铎带着萧景寿和黄福禄徒步进城，另外两名士兵把五匹马牵向客店后面。萧景寿是在买枪回来后直接去了石湾，把买到的崭新的十把驳壳枪和五支步枪，还有一批子弹交到许秀岐手里后返回的波罗堡，许秀岐又在一个黑夜把这批枪支弹药送了出去。

胡景铎走进了芝圃巷。胡景通站立在客厅中央，双手叉腰，逼视着走到跟前的胡景铎，逼视着胡景铎立正敬礼。胡景通厉声斥责道："老六！你在波罗搞了些什么名堂？你是不是成心断送我在陕北二十年的苦心经营？小心你的人头落地！"胡景通的骑兵第六师被蒋介石裁撤了，三个团的陕北保安部队也只给留下了一个团，一点家底绝大多数都交到了老六手里。接到参谋主任的电话后，指挥官决定还是请副指挥官到榆林来为好。指挥官发完了脾气。副指挥官回答："报告五哥！我乃国民党员，是国军官长，你是我的兄长和上级，我咋能另生他心？我是看见一个个士气不振、精神堕落、军容不整，实在于心不忍，不能睁一只眼闭一只眼，这才举办了军干训练班，就是要提高士气，提高战斗力！"虽然波罗堡反蒋的空气很浓，但是胡景通知道自家的老六打小就不满蒋介石，张口

骂起来就是个没完，也知道这个老六带兵打仗很有一套，不是一个躺着的军官，而是一个站着的军人，不管啥时候坐都坐得端端正正。胡景通接着严厉地问道："你骂了十几年蒋委员长还没骂够？你还知道你是国军官长？你还会编顺口溜？你咋不到戏台子上唱戏去哩？你看要不要我把你送到邓先生那里，你给邓先生骂去？让邓先生也听一听？咱听邓先生的，还是邓先生听你的?!"胡景铎回答："五哥，我知道了。"胡景通没了脾气，坐到椅子上，端起桌子上的茶水喝了一口，说："坐下吧，在榆林住几天，回去把这三个月的军饷捎上。"胡景铎走到一边的椅子前坐下来，端端正正，旁边的茶几上摆着茶水。

胡景铎在榆林住下来，每天都有人陪，有事做，闲不了。

今天，几名军官宴请胡景铎和胡希仲叔侄，胡希仲叫的魏茂臣同来，推杯换盏、开怀畅饮，魏茂臣频频站起身给大家把门前空了的酒杯添满。

明天，胡景铎怒气冲冲地从银行里走出来，萧景寿跟在身后，黄福禄等候在门外。

后天，又有几名军官邀请胡景铎和胡希仲叔侄去戏园看戏。

大后天，胡景铎再次怒气冲冲地从银行里走出来，萧景寿跟在身后，黄福禄等候在门外。

又是一个今天，又有几名军官拉住胡景铎打麻将，魏

茂臣在观敌瞭阵，出谋划策。

今天又过去。

明天又过去。

后天又过去。

在一条僻静的巷道里，黄福禄和张金生走到了一搭里，悄声说着话。说完话，一扭头各自匆匆走去。

胡景铎不辞而别，临走前让老部下张金生转告五大人，说六大人有事回波罗堡去了。

黄昏，胡景铎带着萧景寿、黄福禄和等候在榆林城外的两名士兵返回波罗堡。霞光道道，沙丘起伏，五骑人马在毛乌素沙漠上掀起一阵阵风沙。

月色溶溶，天地静谧。波罗堡内三大队第十中队队长李振英居住的院子里，每个房间的门都紧闭着，里面没有一点儿光亮，院子的大门同样紧闭着，李振英和萧景寿就悄无声息地站在大门后面，睁大着眼睛凝神静听。

一个房间里，胡景铎和姚绍文在听取化装成士兵的范明传达起义指示。三个人围坐在方桌前，桌上点着一盏油灯，铺着一张军事地图。范明说："中央决定你们部队起义，时间推后三天，定在十月十三日零时，部队正在从陇东集结过来，需要时间。按照毛主席指示，调集四个旅发动北线战役，东线主攻武镇和镇川堡，西线主攻横山县城，接应你们在波罗、高镇、石湾南北一线同时起义。起义后，考虑在响水堡围城打援，然后乘势向榆林进军，战

役目的首先是解放无定河以南地区，拔掉楔子，其次是彻底解决陕北的问题。景铎同志，原本计划让你和王世泰司令员在边界线上见面，为安全起见，命我来征求你对作战计划的意见。"胡景铎斩钉截铁地说："坚决听从党的指示和北线战役指挥部的命令！"姚绍文拿着一支铅笔在地图上依次标出波罗堡、高镇、石湾、镇川堡、武镇、横山县城和响水堡、榆林城，并沿无定河画出一条长长的红线。响水堡在波罗堡正东边，镇川堡在响水堡东南，都在无定河南岸，武镇在响水堡的南边、镇川堡的西边，横山县城在波罗堡西南，高镇靠南，石湾在最南边，几个地方以波罗堡为中心构成了一个楔形区域，直插进陕甘宁边区。

此前范明返回延安后，同习仲勋一起到枣园向毛泽东作了详细汇报。毛泽东指出，要在条件成熟以后，组织一个北线战役，接应胡景铎起义，起义成功后，可以考虑向榆林进军，以彻底解决北线的问题。随后，习仲勋同陕甘宁晋绥联防军代司令员王世泰等人一起商定北线战役作战方针和具体计划。毛泽东又约谈习仲勋和王世泰，介绍了华东野战军在苏中七战七捷的战例，强调了集中优势兵力打歼灭战的战术原则。接到北线战役作战方针和具体计划的书面报告后，毛泽东批示："即照所定方针去做。"范明化装成一名士兵，第二次进了波罗堡。

起义拉开帷幕。胡景铎写下命令——"我命令：陕北保安指挥部所属部队在十月十三日零时统一起义，退出内

战，归向人民，走上光明的道路，标志是左臂扎白毛巾或白布，请注意与边区接应部队准时联络，听从指挥。胡景铎。"命令一封封送出波罗堡。

黄福禄又悄悄去了一趟榆林，通知胡希仲撤回波罗堡。

胡希仲离开榆林回到波罗堡，魏茂臣也一同前来，带着数十名骑兵，每个人都携带长枪、短枪、手榴弹和马刀等武器，装备齐全。

在海流兔庙，杨汉三接到胡景铎的命令。手捧命令，杨汉三的眼前浮现起一个多月前胡景铎在波罗堡城墙上和他的一次秘密谈话——"杨汉三同志，你现在已经是一名中国共产党党员，中共中央西北局批准，介绍人是我，党龄从一九四六年八月一日算起，预备期半年。我们即将起义，你那里没有派接应部队。你的骑兵搜索连和另外两个连队都驻在海流兔庙，那两个连队也都是骑兵，都是我五哥的骄兵悍将。接到命令后，首先要清除起义的威胁，要准备充分，突然出击，行动迅速，吃不下就彻底赶走，注意武器弹药必须留下！"

六、起 义

月在东南，皎皎如镜。

参谋主任温养礼走进指挥部参加副指挥官召集的紧急军事会议，一进大门就被萧景寿带着两名战士迎上去下了枪。温养礼大喊："干什么？六大人？六大人？"站在院子里的姚绍文笑着说："不要喊，你会明白的。"两名战士把目瞪口呆的温养礼请进旁边的一间房子。

房子里，李振英平静地看着温养礼走进来，两名提着手枪的士兵分站在左右，靠墙的两排椅子上已经坐着方明杰、谢正伦、郝智武、屠副官、尤景明几个人，方明杰神情阴郁，谢正伦唉声叹气，郝智武咬牙切齿，屠副官哆哆嗦嗦，尤景明惊悚不已。温养礼坐下去的时候狠狠地瞪了李振英一眼。

特务连连长尤景春走了进来，两名战士从两边迎了上去抓住两只手，萧景寿抢上前去下枪。尤景春拼死挣扎，几个人扭打在一起。尤景春被死死地压在地上，嘴里还在大喊着："来人！来人！兔崽子……"旁边的房子里传来

尤景明的叫声："哥，听六大人的！哥，听六大人的！"尤景春不再挣扎，被下了枪，送进房子。

波罗堡南北主街上，两列持枪的士兵在严密警戒，左臂都扎着白毛巾或白布。郑崇源就站在国民党横山县党部驻波罗堡办事处大门口。

国民党横山县党部驻波罗堡办事处内，几名士兵在整理封装文件。

波罗堡镇公所内，同样也有几名士兵在整理封装文件。三十多名官员和特务先后被押进了镇公所，关到一间房子里，房子外面，有两名士兵在持枪看守。

月在东南，皎皎如镜。

武镇外，陕甘宁晋绥联防军一部已经隐蔽到位。一名指挥员静静地看着手表，指针指向零时，一颗红色信号弹发射了出去。将士们发起了进攻，迫击炮轮番轰炸，一颗颗炮弹砸到城楼上、城墙内。驻防武镇的国民党部队开始反抗，依托坚固的城墙工事疯狂射击。双方枪炮齐鸣、攻防激烈。

与此同时，镇川堡外，陕甘宁晋绥联防军一部向国民党驻军发起了攻击。

与此同时，响水堡外，陕甘宁晋绥联防军一部完成了对国民党驻军的包围。

与此同时，横山县城外，陕甘宁晋绥联防军一部向国民党驻军发起了攻击。

零时，波罗堡参将府陕北保安指挥部大厅内灯火通明。温养礼和方明杰、谢正伦、郝智武、尤景春被请了进来，坐到长桌一侧。姚绍文和胡希仲、魏茂臣已经在长桌另一侧就座，李振英也走了过去。萧景寿和黄福禄分站在长桌两侧。胡景铎站立在长桌主位处，长桌的主位已经调了一个方向，从那一端调到了这一端。胡景铎的身后是那张悬挂在墙壁上的军事布防图，波罗堡、高镇、石湾和武镇、镇川堡、横山县城等已经被用红色鲜明地标注出来。胡景铎严肃地说："我已经在波罗一线发动起义，不给蒋家王朝当炮灰，反对内战，归向人民，走上光明的道路！起义，是革命行动。愿意参加起义，当然欢迎。不愿意参加起义的，也绝不勉强，保证身家性命不受伤害。"一阵面面相觑后，温养礼第一个站起身，清了清嗓子说："我一切听副指挥的，起义！"接着，方明杰、谢正伦、郝智武和尤景春先后站起身，立正身姿，表态参加起义。

　　梁家大院东厢房里间内，孩子已经睡着，张颖玲坐立不安，站起来又坐下，坐下后又站起来，看一眼熟睡的孩子，又看一眼炕头一个柜子上面的一部黑色电话机，再看一眼电话机旁边胡景铎搁下的一块手表，手表的指针刚刚过了十一点。张颖玲站到柜子前，伸出双手，左手按住电话机，右手扯着电话线，看一眼手表后又退回到了炕沿坐下，眼睛睁得大大的。刚坐下后张颖玲又站起来，再一次走上去按住电话机、扯住电话线，再瞅了一眼手表，回转

头直直地瞪着电话机和电话线的连接处，双手猛一用力，一把扯下了电话线。张颖玲把电话线拿在手里，似乎不敢相信自己的眼睛，看了一下，又看了一下，赶紧一甩手扔到一边，后退几步坐回到炕沿上，长长地出了一口气，圆圆的眼睛也变小了。

晚上，胡景铎出门前，把一块手表搁到炕头柜子上面的电话机旁边，看着张颖玲说："我晚上查哨去啦，五哥来电话问就说查哨去啦！"抱着孩子的张颖玲点点头。胡景铎又说："十二点你就把电话线掐喽，十二点，千万要记住！"张颖玲又点点头。胡景铎转身出门。张颖玲看着电话机和手表，发了好一会儿呆。

才过十一点就掐了电话线，管他哩。掐早啦？那咋办？咋办呀？张颖玲坐在炕沿上站不起来了，身上没有一点儿力气啦，又想不明白这究竟是咋啦，就坐着睡着了。

月在东南，皎皎如镜。

石湾镇东门城墙上，一名持枪的哨兵面向城外站立，两名持枪的士兵面向城内站立，高度警戒着。哨兵的左臂上都扎着一条白布。

东门外，东门北边已经挖开了一个涵洞，左臂上扎着白毛巾的张亚雄和范止英、许秀岐从涵洞里走出来，已经隐蔽在外边的陕甘宁晋绥联防军接应部队指战员迎了上来。张亚雄同一名指挥员简短握手后，和范止英、许秀岐引导接应部队从涵洞进入镇内。

镇子内，陕甘宁晋绥联防军接应部队分四路向南北两个寨子、迫击炮中队营房和保九团团部包围过去。

在丁彦荣带领的三中队两个排的引导下，一路陕甘宁晋绥联防军接应部队迅速包围了睡梦中的迫击炮中队。丁彦荣及其所带的两个排左臂上扎着白毛巾或白布。

镇北寨子上，一名哨兵发现镇子内有部队移动，朝空鸣枪示警。

镇子内，枪声一时间四下响起，一颗手榴弹掷向一路陕甘宁晋绥联防军接应部队，在不远处爆炸了，几名战士负伤倒地。张亚雄站在那里高声喊话："我是张亚雄，停止射击！原地待命！我是张亚雄，停止射击！原地待命！"射击停止了。

保九团团部外，范止英正在喊话："林团长，胡副指挥已经命令起义，八路军已经接应来啦，你就出来吧，参加起义，不要执迷不悟！"里面传出来林峻豪恶狠狠的骂声："范止英，你吃里扒外！不成功便成仁！老子就在这儿等着你！"

镇南寨子上，一路陕甘宁晋绥联防军接应部队已经顺利接管驻防，驻守在这里的一个中队放下武器，列队走出营房，走下寨子。

镇北寨子下，一路陕甘宁晋绥联防军接应部队已经做好战斗准备。张亚雄正在喊话："胡副指挥已经命令起义，你们放下武器，走出营房，接受改编！"丁彦荣跟在张亚

雄身后。

镇北寨子上，一名军官大声回答："张团副，我们服从胡副指挥命令，起义啦！"说着话，这名军官带头放下武器，对士兵们说："胡副指挥命令起义啦！现在放下武器，列队走出防地，接受改编！"士兵们如释重负，纷纷放下武器。

绥德、米脂、安定、葭县、吴堡五县联合党部和石湾镇公所的大门外，一队左臂扎着白毛巾或白布的士兵持枪站立。院子内，许秀岐站在那里，看着大大小小四十多名官员和特务被押进一排房子。几间办公室里，几名士兵在整理封装档案。

月在东南，皎皎如镜。

高镇，第二大队大队部里，秦悦文站在长桌上首，几名军官分站在长桌两边，站立在长桌左首的吴凤德在宣读胡景铎的命令：

我命令：陕北保安指挥部所属部队在十月十三日零时统一起义，退出内战，归向人民，走上光明的道路，标志是左臂扎白毛巾或白布，请注意与边区接应部队准时联络，听从指挥。胡景铎。宣读完毕！

在吴凤德宣读命令时，有军官一脸兴奋，有军官嘴角微翘，有军官稍显吃惊，转瞬释然。吴凤德语音刚落，

秦悦文响亮地说："坚决服从胡副指挥的命令，退出内战，归向人民，起义！"一众军官异口同声地回答道："坚决服从胡副指挥的命令，起义！"

月在东南，皎皎如镜。

月光下，毛乌素沙漠起起伏伏、明明暗暗。

海流兔庙，杨汉三的骑兵搜索连兵分两路，突然包围了驻扎在附近的一个补充连和一个骑兵连，并同时发起快速冲锋，还都在北面给留下了一个口子。杨汉三和骑兵搜索连的官兵都在左臂扎着白毛巾或白布。遭到攻击的补充连在睡梦中爬起来就跑，乱成一窝蜂，被一路驱赶着向北狼狈逃去，武器、马匹都顾不上了。遭到攻击的骑兵连龟缩在驻地里负隅顽抗。杨汉三下令停止攻击，高声喊话："胡副指挥已经命令全线起义，你们放下武器，愿意参加起义的欢迎，不愿意参加起义的放下武器，可以离开！"负隅顽抗的一方沉寂了一会儿，一个声音高喊道："杨汉三你投靠了老六，上了共产党的贼船，胡宗南长官几次下令把你抓起来，还是五大人担的保，弟兄们睁一只眼闭一只眼，你这样对得起五大人吗？你对得起谁?! 弟兄们今儿就放下武器，要杀要剐，悉听尊便！"

东方微明。波罗堡南门城楼上，胡景铎和姚绍文、李振英等人在晨风中向南瞭望，每个人都在左臂上扎了一条白毛巾。

南门外边不远处的一个山峁上，范明和师源已经带领

陕甘宁晋绥联防军接应部队隐蔽在那里，密切观察着南门城楼。站在高处的一名士兵把手旗挥动了三下。

南门城楼上，一名士兵也把手旗挥动了三下。

范明和师源带领部队快步走来。

南门口，胡景铎已经带人走到城外迎接。胡景铎和范明紧紧握手。胡景铎说："快进城，我已经安排好了。"范明说："北线战役已经准时打响，接应同志们起义。"胡景铎和师源紧紧握手。胡景铎说："我已经下令全线起义！"师源说："景铎，祝贺同志们！祝贺你！"

清晨，在隆隆的迫击炮声中，陕甘宁晋绥联防军一部攻克了武镇。

上午，陕甘宁晋绥联防军一部冲进镇川堡，守敌纷纷缴械投降。

中午，石湾镇内的谈判还在进行中，神情严峻的丁彦荣带领部队守候在保九团团部外。

团部里，谈判已经进行了两回，从凌晨谈到中午。此刻，林峻豪坐在桌子边放声大哭，两把手枪扔在桌子上，几名亲信提着枪、握着手榴弹站立在旁。张亚雄坐在桌子的另一边，范止英站立一旁，两个人都平静地看着林峻豪等人。林峻豪终于止住哭声，哽咽地说："这样起义不光彩，军人不作城下之盟！"张亚雄说："起义是部队的唯一出路！"范止英说："都放下武器吧！"林峻豪说："我对不起养育我的胡家啊！"说完又大哭起来。几名亲信把武器

扔到了地上。

中午，陕甘宁晋绥联防军一部停止了对横山县城的进攻，魏茂臣带着胡景铎的一封书信走了进去。

城内二十二军独立骑兵团团部里面，一张桌子的左侧，独立骑兵团团长顾长胜一只脚踏在椅子上，凶神恶煞般地站在那里读着胡景铎的来信，魏茂臣就坐在桌子的右侧。胡景铎的话语响在顾长胜耳畔——"长胜吾兄：昔兄在草原驱驰抗日有数载焉，于国家人民多所贡献。今蒋胡之流发动内战，复置国家人民于水火。我辈中国军人，当以报国报民为依归，岂能为独夫民贼之炮灰耶？则终不免于无定河边白骨矣。"看罢信，顾长胜狠狠地叹了口气——"唉"——然后说道："五大人、六大人，是亲弟兄么。"说完话，顾长胜放下踏在椅子上的那只脚，重重地坐到椅子上，低下头。魏茂臣看着顾长胜说："长胜兄，我早年跟随胡笠僧将军参加国民二军，后来参加北伐，再后来到了陕北，知道你拉起一支游击队和日本鬼子战斗，那时候五大人派我来和你谈判编入国军序列，现在六大人派我来和你谈判起义，这也是咱两个人的缘分。八年抗战，你也看见了蒋介石是咋样抗日的，是咋样对待杂牌军的。如果没有张学良、杨虎城发动双十二事变，蒋介石会下令抗日？张学良的东北军是咋样跑到陕西的？长胜兄，让你带着你的游击队不要在草原上抗日，到后方去打共产党，去打八路军，你愿意吗？咱们也都看见了共

产党是咋样抗日的，是咋样对待友军的。现在，抗战胜利啦，应该国内各个党派、各方力量携手参加和平建设，全国人民都不愿意再起内战。但是，蒋介石啥时候考虑过国家？啥时候考虑过老百姓？他考虑的是四大家族，考虑的是他的独裁统治。你我都在榆林多年，是多年的弟兄，我比你吃得胖，你比我性子烈，我在司令部当副官主任，你在外边当团长，说实话，咱们抗日有功，要是当了蒋介石打内战的炮灰，历史上留下的可全是骂名啦！共产党的毛泽东去年到重庆谈判和平，在重庆待了四十多天，长胜兄，你想一下，反过来要是蒋介石，他愿意到延安去？他敢到延安去？他又能在延安待几天？生死事小，一失足成千古恨啊！"顾长胜抬起了头，看向魏茂臣说："茂臣兄，这两千弟兄就跟着六大人啦！"

到十三日中午，胡景铎成功在波罗堡一线发动起义，陕甘宁晋绥联防军攻克了武镇和镇川堡，并劝服了横山驻军参加起义，北线战役第一阶段任务顺利完成。

十三日当天，胡景铎带领全体官兵发表了起义通电。通电云：

> 职率西北子弟，投身戎伍，追随邓高左诸公左右，盖欲张靖国军之大义，效命国邦也。年来驻守榆横一带，兢业受命，但求无添厥职。惟我西北军旧部，既痛遭断削，本军亦备受歧视。溯抗战之始，中

央既以徐子佳派入本军，阴谋篡夺，此后陈长捷、董钊、何文鼎等相继而至，无非排除所谓"异己"，实行压迫吞并。特工人员纷纷随来，名为政工，实则专事破坏。徐某居中策划，挑拨分化，无所不用其极，司马昭之心，固已路人皆知。去岁已还，两次严令整编，中央嫡系原封未动，所谓"杂牌"则大肆裁缩，部队横遭兼并，军官则强迫退役，对我西北军在乡军人编余军官及其眷属则恣意蹂躏，对于西北耆宿民主人士则纷纷屠杀。反之，昔日之伪军类皆升官晋级。官兵不平，痛心疾首。而环望秦中，胡蛮当道，特务横行，绥傅助纣，虐我蒙胞，征索聚敛，人民草芥，父老泣途，妻子夜啼，胡假美威，国难无已，论者谓亡秦者胡也，亡中国者蒋也。我西北人宁为蒋胡一家利而沦为美国奴耶？每一思及，中心如焚。今抗战甫胜，而蒋胡攻击中共边区之令下矣。战祸既起，败则一任我命之覆亡，胜亦驱而再战，旦旦戗伐，终至消灭，借刀杀人，其计至毒，我军处境，至此已极端危险。职等不忍见我陕甘父老重历刀兵之劫，再不忍见我靖国军仅存之部队毁于一旦，为自救自保计，不得已拒绝乱命，退出内战，清除特务，还我纯洁。今后仍当一本初衷，拥护邓副长官、左军长，继承靖国军精神，为和平建国而奋斗。并望我西北袍泽，幡然猛悟，奋起图存，驱逐徐贼，拒绝内战，则西北军幸

甚！西北同胞幸甚！区区愚识，披沥以陈，谨电奉闻，尚乞明鉴。

第三天，波罗堡召开群众大会庆祝起义成功。城墙上，陕甘宁晋绥联防军战士持枪站立。城内城外，前来祝贺的乡亲们拉猪牵羊，手挽肩扛各样慰问品，边走边纷纷相告——"听说胡老六原来就是共产党！""难怪胡老六一上来就看着不一样哩！""这下咱们也解放了，也能减租减息啦！"

波罗堡内到处张贴着鲜艳夺目的标语，有的标语就书写在墙壁上——"关中愣娃团结起来打败胡宗南！""打回关中去，消灭胡宗南！""反对内战，拥护和平！"人们扶老携幼、紧赶慢赶、你一嘴我一嘴走着说着奔向大操场。有人说："胡老六打日本人的时候就是共产党！"有人说："早都是共产党啦！你才知道？"有人说："这下把胡老五打垮啦！"有人说："你看着，榆林那些坐地虎也猖狂不了几天啦！"有人说："就是嘛！都猖狂了二三十年啦！"有人说："小声些，榆林正修机场哩，打得还没着哩！"有人说："怕啥呢？那些坐地虎谁没有几个小老婆？早晚都要让八路军给收拾喽！"说这话的人气愤愤的，眼睛死死地瞪向刚才说话的那个人，那个人则一脸尬笑，连连说："是，是。"

大操场上，统一佩戴西北民主联军骑兵第六师臂章的

起义官兵列队整齐、昂头挺胸，老百姓敲锣打鼓、欢呼雀跃。张颖玲抱着孩子，和梁大嫂就挤在人群中。胡景铎和范明、师源、胡希仲、姚绍文、魏茂臣及温养礼、方明杰、谢正伦走到起义官兵面前，全场渐渐安静下来。胡景铎站在那里开始讲话：

父老乡亲们、指战员们、同志们：

蒋介石、胡宗南与陕北人民是势不两立的！陕北人民受够了痛苦，再不能遭受内战的摧残了。蒋介石、胡宗南发动内战是在自取灭亡，我们不给蒋家王朝当炮灰。为了争取真正的和平，我们愿和一切人民军队团结起来，反对内战，制止内战！现在，我们在波罗、高镇、石湾一线起义了，就是以实际行动反对内战，归向人民，走上光明的道路！我们现在是西北民主联军骑兵第六师，师长就是我——胡景铎。我们和八路军、新四军都是友军，都是同一个目标，就是打倒蒋介石，打倒胡宗南，反对内战，反对独裁，反对卖国！

姚绍文挥舞拳头领喊："打倒蒋介石，打倒胡宗南！"官兵们挥舞拳头高喊："打倒蒋介石，打倒胡宗南！"

姚绍文挥舞拳头领喊："反对内战，坚持和平！"官兵们挥舞拳头高喊："反对内战，坚持和平！"

姚绍文挥舞拳头领喊："反对独裁，坚持民主！"官兵们挥舞拳头高喊："反对独裁，坚持民主！"

姚绍文挥舞拳头领喊："反对卖国，坚持独立！"官兵们挥舞拳头高喊："反对卖国，坚持独立！"

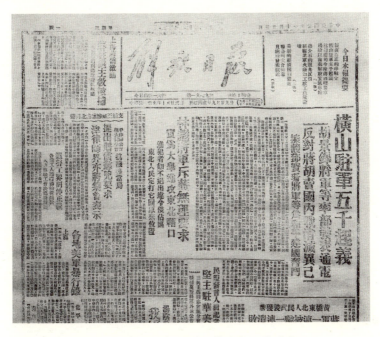

1946年10月23日《解放日报》刊登横山起义的消息

口号声雄壮有力，一阵高过一阵，震动了古老的波罗堡，唤醒了千年的无定河，就在黄土高原和毛乌素沙漠的上空回荡、传递。

群众大会结束后，胡景铎带领西北民主联军骑兵第六师进驻到响水堡外，与北线战役指挥部会合，按照北线战役的方针和计划，开始第二阶段围城打援，坐等上门。

胡景铎起义了，还成立了西北民主联军骑兵第六师，这明显用的还是自己的骑六师的名头，胡景通心头的怒火已经不知道冒了多高，看到起义通电后面还有温养礼和方明杰、谢正伦等人的名字，更是火上浇油，但转念一想，哪些人要走哪些人不会走自己还是心中有数的，便整备人马，亲自带领整整十个连队出发了，誓要捣毁老六的指挥部，把老六和部队都带回来。刚出榆林城，便被邓宝珊派人拦住了，叫胡景通去桃林山庄商议，周全西安和南京方面的问罪，十个连队只好委托了一名得力将领带着去武装劝阻。

　　胡景通走进桃林山庄的会客室，感到羞愧万分。邓先生对自己、对老六都着意关照，从来没有当外人，老六竟然说起义就起义啦，自己竟然提前没有得到任何消息。师源去波罗，就住在方明杰家里，方明杰和尤景春一再报告看得住住的，没有蛛丝马迹，唉！温养礼打了电话，自己把老六叫来当面察看，还派人留心注意，真是看走眼啦！温养礼、方明杰、谢正伦，都是草包，一个比一个草包，唉！老六除了骂蒋介石骂胡宗南就是骂蒋介石骂胡宗南，也没有撤换一个人的职务，部队都在手里么，手里拿的都是烧火棍，竟然说拿下就都拿下啦，而且是在大骂蒋介石、大骂胡宗南的骂声里拿下的，一个个都听热闹哩，拿着烧火棍听热闹哩，唉！林峻豪是老人手啦，竟然也没闻到一点气气，还让牵着鼻子走啦，唉！胡景通

无颜面对邓先生。

邓宝珊坐在椅子上，看着坐在面前的胡景通说："人的思想认识不同，这就是信仰，信仰不同，道路不同。老五，老六要起义就起义吧，过去就过去，现在不是追得回来追不回来的问题，是南京的问题，胡宗南就那样，老蒋可不好糊弄。你好好斟酌斟酌，撤职查办，这都没有啥，一个保安团队起义啦，几千人过去啦，在这个节骨眼上，胡宗南给南京把火会烧得旺旺的，但烧的不是你胡老五，烧的也不是我邓瑜，烧的是榆林！你好好冷静，追一下就行啦！不要再把事态扩大啦！真打起来，胡宗南刚好坐山观虎斗，不费一兵一卒，削弱了延安，解决了榆林。你以为咱这些人就能把延安拿下来？家城一体，什么意思？守还勉强，出击就不要想啦。事情并不复杂，老六起义是政治，是延安赢、南京输，真打起来，是西安赢、榆林输，老五，你想一想，是不是这回事？"胡景通望着邓宝珊，流下了泪水，邓先生实在是不容易！

胡景通走进桃林山庄时，邓友梅已经走出了院子，走上了山峁，就站在山峁顶上看着脚步沉重的五大从远处走过来，她知道父亲在等着五大，两个老弟兄可有的是烂摊子要收拾。凝望南天，那里是延安，邓友梅流下滚烫的泪水。六大、希仲哥，他们正在到延安去，他们就要看到宝塔山，就要喝到延河水，就要见到毛主席！延安，才是他们的家，才是自己的家啊！回去吧！回去吧！自己

还能回去吗？那是家啊！回不去了，回不去了，就站在这里，望着自己的家！哪怕就望一眼！家在那里，望着！望着！望着！就望一眼！就望一眼！就望一眼！清风拂过，拂过毛乌素沙漠，拂过黄土高原，拂过宝塔山，拂过延河水，回家了！

毛乌素沙漠上，十个连的国民党部队朝着响水堡方向开进，一名骑在马上的高级军官气势汹汹、咬牙切齿。

响水堡东，陕甘宁晋绥联防军一部和西北民主联军骑兵第六师一部从东面向响水堡发起声势浩大的进攻。

响水堡西，陕甘宁晋绥联防军一部和西北民主联军骑兵第六师一部从西面向响水堡发起声势浩大的进攻。

傍晚，进攻停止了，十个连的榆林援军也到了无定河北岸，与响水堡隔河相望，安营扎寨。

无定河南，北线战役指挥部内，陕甘宁晋绥联防军代司令员王世泰拿着一份电报在传达中央指示，胡景铎和范明同几位陕甘宁晋绥联防军高级指挥员围坐在一张方桌前一起听取传达。"毛主席电报指示，乘波罗堡一线起义胜利的机会，可以准备解放榆林。"放下手中的电报，王世泰继续说，"我们两面围攻响水堡收到了效果，榆林的援军现在到了河对岸，有十个连的兵力，围城打援要把握住火候，重在打援。西北局和联司的意见是，对榆林的部分高级将领，注意争取活捉，迫使其起义。景铎同志，你讲一下打援的意见。"王世泰身材高大，目光热忱。胡景铎

说："王司令员，援军隔河观望，就是害怕我们围城打援，要乘其立足未稳，突然发起进攻。"

夜幕下，无定河北岸，陕甘宁晋绥联防军一部迂回到了北面，向驻扎在那里的榆林援军发起猛烈进攻。

同时，无定河北岸，陕甘宁晋绥联防军一部从南面向驻扎在那里的榆林援军发起猛烈进攻。

榆林援军驻地内，十个连的人马枪炮已经乱作一团，当官的和当兵的都在夺路而逃，那名高级军官骑着的战马被一颗子弹准确地击中了，轰然倒在地上，将主人猛地掀翻在地，头脸重重地砸在沙土窝里。几名国民党士兵抢上前来架起满嘴血污，尚能哼哼唧唧的长官狼狈逃窜。

夜幕下，毛乌素沙漠里，顾长胜带着他的独立骑兵团快速向榆林方向跑去。

夜幕下，毛乌素沙漠里，郝智武带着一个骑兵连快速向榆林方向跑去。

深夜，北线战役指挥部内，桌子上点燃着一盏油灯，王世泰和胡景铎就坐在油灯前。胡景铎脸色铁青，双眼直视前方。王世泰默默地看着胡景铎，目光亲切。看着胡景铎久久不能释怀，王世泰说："景铎同志，强扭的瓜不甜，人各有志嘛！"说着话，王世泰夸张地把两个手掌向外摆了摆。

王世泰和习仲勋是老战友，早年一起创建陕甘边根据地，和胡家三大人，担任过一段时间富平、同官、耀县

三县民团总指挥的胡景铨几经交手，打击过富平民团，是在陕甘烽火中成长起来的优秀将领，对习仲勋的老同学、胡家老六胡景铎的革命意志和革命道路甚为赞赏，充满关心。

榆林援军被击溃的第二天上午，陕甘宁晋绥联防军和西北民主联军骑兵第六师攻进了响水堡，全歼守敌。

北线战役基本任务已经完成，下一步就是进军榆林。接到延安的电报后，胡景铎随同王世泰赶往武镇南边的龙镇，听取习仲勋前来传达中央指示。

毛泽东时刻关心着北线战役和接应胡景铎起义。随着北线战役顺利推进和胡景铎成功起义，边区北线形势已经得到改变，毛泽东及时调整了战略构想，电话通知习仲勋乘坐吉普车连夜前往北线。毛泽东在电话里说："仲勋，我们这次组织北线战役就是为了接应胡景铎同志起义，同时，我们也始终欢迎邓宝珊先生，欢迎胡景通等人嘛！"关于北线问题和接应胡景铎起义，毛泽东已经三次和习仲勋谈话，及时作出指示。这一

习仲勋

次要习仲勋亲自到北线传达指示，也是前去欢迎起义归来的胡景铎。接到毛泽东的电话，习仲勋即放下手头的工作离开延安，前往北线。

习仲勋乘坐在一辆美式吉普车的前排，前方是辽阔的土地，是遥远的天际，他已经二十年没有见到胡景铎了。吉普车一路向北。

庄里镇街头，胡景铎把一张标语张贴到刚刚刷过糨糊的墙壁上——"打倒土豪劣绅！"习仲勋就站立在一旁，一手提着糨糊桶，一手拿着刷子。

村庄里，农民们和立诚学校的师生们一起挥舞小彩旗、高喊口号："打倒土豪劣绅！""铲除贪官污吏！"胡景铎拿着刷子给墙壁刷上糨糊，习仲勋两只手展开一张标语，张贴上去。

二十年过去，胡景铎还是少年时的模样吗？还是那样的倔强？

庄里镇东关，立诚学校的师生和群众一起砸碎了地主豪绅"名重梓里"的金字牌匾，地主豪绅骑着马跑了。师生们返回学校，刚走到校门口，少年的胡景铎就被家里人凶巴巴地带走了。

立诚学校内，胡希仲一路跑到习仲勋面前，愤怒地说："我六大被叫回去在祠堂打哩，听说要游行把我先关住啦，关我六大没关住，这下叫回去打哩。我才跑出来，走，咱叫人救我六大，走！"习仲勋既愤怒又着急，走出

几步，突然站住，转过头，直视着胡希仲，说："希仲，咱不能叫人去救景铎，咱去救，你家里人就知道景铎也是带头的，就会打得更厉害！"两个人的眼睛对视着，眼睛里都绷着泪花。胡家祠堂墙外的巷道里，习仲勋和胡希仲站立在那里，从墙内传出来一阵一阵的责打声，没有听见胡景铎一个声。

那个骑马跑了的"名重梓里"的地主豪绅吓得不敢回家，最后只能央求当地的驻军头目、胡家的三大人出面把自己暂时扣押起来，再罚款四百大洋，转赠立诚学校，一场风波遂平。想来，少年往事就在眼前。

吉普车向北疾驰。

看着去而复归的顾长胜和郝智武，看着留了一条命的得力将领，胡景通气得实在说不出话来。客厅里，顾长胜和郝智武都是一样地并拢双脚、微俯上身、低着头站在那里，被摔了个嘴啃泥的得力将领还是一副惊魂未定的样子坐在桌子一边，嘴角的一丝血迹都没有擦干净，还在嘟囔着说话："胡副——副——军长，共产党来——来的是——主力部队，兄弟还——还——还算命——命大。"胡景通猛地站起身，拔出腰间的配枪，咔地一声打开保险，高举向前，怒吼道："老六——"胡景通持枪的手在剧烈抖动着，脸色青红，两眼喷火。啪地一声，胡景通把手枪重重地拍在桌子上。靠着墙的一个木架子上的一只青花瓷瓶应声碎裂一地，后面青灰色的砖墙上留下一个圆圆

的枪眼。

胡景铎和王世泰、范明等人站立在龙镇外，看着南边的大路在等待着。一辆美式吉普车疾速驶来。车子尚未停稳，车门已经推开，习仲勋跳下车，一个高大的身影出现在胡景铎眼前，一双明亮的眼睛亲切地看着胡景铎，一张俊朗的脸庞就迎着胡景铎。习仲勋叫着胡景铎的名字——"景铎"——快步走过来。胡景铎也快步奔上去。奔到习仲勋面前，胡景铎站定，立正敬礼。习仲勋立正还礼，随即张开双臂把胡景铎紧紧拥抱。两个人紧紧地拥抱在陕北的秋天里，拥抱在陕甘宁的烽火岁月里。胡景铎叫着习仲勋的名字"仲勋"已是说不出话来。久久，习仲勋说："二十年没见面了，我一直等着你的消息！"胡景铎说："二十年，我吃了二十年国民党的饭，就等着和你一起干革命！"紧紧拥抱着，泪水止不住地奔流，胡景铎不由回忆起二十年来两个人革命道路的咫尺天涯，回忆起刻骨铭心的一段往事。

十五年前。寒冬腊月，庄里镇西边一道土塬上，胡景铎同中共武字区委负责同志马德禄、中共党员王泰诚相约见面。马德禄说："景铎，你拉起抗日义勇军是坚决的革命行动，王泰诚同志刚从中央军官训练班学习回来，受我们党的委派来帮助你。"胡景铎和王泰诚热烈握手。王泰诚说："景铎，我是王泰吉的弟弟，我哥是胡笠僧将军的部下，他也是共产党员，我是受我们党和我哥的双重委

派，来帮你进行军事训练。"

黎明时分，王泰诚带领胡景铎的抗日义勇军在土塬上进行军事训练。十几个人组成的抗日义勇军中，只有王泰诚和许秀岐两个人的手里拿着步枪，胡景铎和其他人的手里都拿着木棍。

一个大雪纷飞的夜晚，胡景铎带领抗日义勇军悄悄包围了庄里镇附近富平民团的一个据点，民团在迷迷糊糊中被缴了枪。

"庄里镇有红军啦！""红军从北山上下来啦！""红军把民团的枪缴啦！"担任富平、同官、耀县三县民团总指挥的三大人胡景铨和回家小住的国军少将四大人胡景宏坐不住了，富平民团坐不住了。

过了正月十五，一天早上，许秀岐带着抗日义勇军在土塬上进行军事训练，被富平民团一百多人团团围住，缴枪、绑人、带走。晚上，胡景铎被一声令下抓了起来，扒去棉衣，带进祠堂，吊到房梁上，就在祖宗牌位前教育惩戒。一条麻绳一下一下结结实实抽打在胡景铎身上，啪、啪、啪……祠堂外，许秀岐等十几名抗日义勇军被五花大绑，跪成一排。"啪……""啪……""啪……"的抽打声一下一下抽打在每个人的耳朵里，抽打在寂无人声的庄里镇。

一个声音在斥责："刘志丹在北山闹红，一次就被民团砍了几十个头！带头的一个被开膛剖腹，共产党的老

窝都让烧啦！你还想拉起抗日义勇军？你要抗日？你敢下民团的枪？你跟共产党称兄道弟？你是迟早要上北山，要被砍头！你闹，你有几个头?!"

打了一个晚上，胡景铎一声不吭。三大人和四大人没了办法，就把老六交给了另一位兄长杨虎城。杨虎城做主了，胡景铎只能又在西安坐进教室。

读了三个月书，传来习仲勋在甘肃两当县领导发动兵变的消息，说把杨虎城下面的一个营拉走了，后来又被打散了，到处在抓捕习仲勋，一个共产党的特派员已经被抓住直接枪毙了。三大人和四大人又来找杨虎城。杨虎城再次做主，胡景铎不得不离开陕西。一个声音在告诫："老六，你还年轻，路还很长，不是只有共产党要抗日。你要抗日，你到北京去，不准回陕西！日本人就在长城外头，国军正在那里抗战，你去抗日，允许你把许秀岐带上。习仲勋那一伙都被抓住枪毙啦，你就死了那条心！"

陕西待不成，习仲勋究竟怎样也不知道，胡希仲又被送到苏州，胡景铎被迫带着许秀岐去了北京。去北京就去北京，是真抗战不是假抗战。只要有一口气在，就要找到共产党，就要像仲勋那样干革命，干到底！

二十年已成往事。

泪水止也止不住，就这样紧紧拥抱着。

习仲勋同王世泰、胡景铎、范明等人一起向镇子里面

走去。习仲勋说："希仲已经到了延安，中央几位领导同志都接见了，正在医院里养病，几个随军家属也都安置好了，颖玲和孩子都很好。"

起义后，胡希仲及张颖玲等随军家属就离开骑六师到了延安。躺在医院病床上，胡希仲每天都在关心着骑六师的消息，每天的《解放日报》都一个字一个字地阅读，特别是第一版刊登了《横山驻军五千起义，胡景铎将军等率部发表通电——反对蒋胡卖国内战消灭异己，拥护邓宝珊将军等为和平建国奋斗》的专题报道的那张《解放日报》，不知道已经读了多少遍，就平铺在床头。就像一出大戏一样，台前幕后都有英雄，在波罗堡起义中，胡景铎等人是台前的英雄，胡希仲属于幕后的英雄，没有在起义通电上列名是革命工作的需要。在胡希仲到达延安后，《解放日报》刊发了"前靖国军胡景翼将军之子胡希仲先生，于本月十二日晚抵延"的专题消息，毛泽东和周恩来、朱德、任弼时等中央领导同志都亲切接见了他。他的特殊身份可以开展许多工作。

张颖玲和孩子到了延安后一切都是新鲜的，每天都是充实的。延安的革命大姐对她关心备至，延安的革命同志对她尊重有加，她感到受宠若惊，时时不安。张颖玲还见到了胡景铎和胡希仲的革命启蒙老师杨明轩，杨明轩是在两个月前才从西安安全脱身，秘密到了延安。杨明轩对她很好，鼓励她要积极进步，做一名合格的革命战士。张颖

玲开始还担心，后来是兴奋，再下来是期盼，因为胡景铎还在前线。

在北线战役指挥部内，习仲勋听取了王世泰和胡景铎、范明等人的汇报。王世泰说："北线战役基本任务已经完成，在不到十天的时间里，景铎同志带领骑六师成功起义，参战部队攻克波罗堡一线据点二十五个，瓦解与歼灭敌四十多个连队，解放了无定河以南五千平方公里的土地和十二万人民群众，使榆林失去了南边的屏障，失掉了五分之一的军队、四分之一的地盘和三分之一的人口，下一步就是进军榆林。"习仲勋点点头说："毛主席在三天前打电话，叫我来北线看一下，听取汇报。中央军委已得到可靠消息，胡宗南从甘、新、青等地调了六个以上整编旅，已由西安空运一个旅到了榆林，预备从南北两线进攻边区。胡宗南已经督促马鸿逵部以五个团的兵力袭扰我三边分区。毛主席指示：'不要进攻榆林。'现在，北线战役任务已经完成，党中央和中央军委的命令是，部队向南集结，世泰同志去三边处理防务。中央将派人去榆林和邓宝珊会晤，仍希望维持以往和邓的统战关系。这一次景铎同志率部起义，就发生在边区的北部战线上，发生在直接包围边区的国民党部队中，发生在敌强我弱、敌攻我守、敌人气焰十分嚣张的时候，发生在一些同志和朋友对中国革命前途感到忧虑的时候，这不能不在政治上、军事上产生重大的影响。这次起义的胜利，是毛主席战略和策略思想

的胜利，是党的爱国民主统一战线政策的胜利，是正义和进步力量的胜利。毛主席在延安时刻关注着北线战役，特别是接应景铎同志在波罗堡一线率部起义。"说到这里，习仲勋看向胡景铎："毛主席明确指示，骑六师开到延安整训。景铎，顾长胜和郝智武叛逃未必就是坏事，世泰讲得明白，人各有志嘛，当前的首要任务是抓好部队的改造工作。"

在北线战役指挥部开完会议，习仲勋就乘坐吉普车返回延安。习仲勋说："中央来回只给了五天时间，因为胡宗南没有给咱时间嘛！"目送习仲勋乘坐的吉普车远去，胡景铎再也没有了天各一方的离别愁绪，有的只是高兴，他非常高兴！

按照毛主席的指示，西北民主联军骑兵第六师开往延安整训。在通向延安的大道上，西北民主联军骑兵第六师全体指战员精神抖擞、步伐整齐，高举"向毛主席朱总司令致敬"的大门旗向延安进发，一路高唱《骑六师起义进行曲》：

十月十三日，晴呀好晴天，骑六师起义在横山。我们是西北人民的子弟，热爱着西北的土地。人在无定河边，心在八百里秦川。渭水在呼唤，赶走胡宗南！打回关中去，消灭胡宗南！让父老乡亲见青天。

"向毛主席朱总司令致敬"的大门旗迎风招展，前进的步伐坚定有力，胡景铎就走在队伍的最前列。

　　西北民主联军骑兵第六师师长由胡景铎担任，政治部主任由范明担任，政治部副主任由师源担任，参谋长由李振华担任，副参谋长由姚绍文担任，供给部部长由范止英担任，下辖三个团，一团团长由张亚雄担任，副团长由李振英担任，二团团长由魏茂臣担任，副团长由秦悦文担任，三团团长由杨汉三担任，副团长由吴凤德担任，郑崇源、许秀岐、丁彦荣等担任营长职务。

骑六师官兵高举"向毛主席、朱总司令致敬"的大门旗向延安前进

　　在全体指战员向延安进发的日子里，新华社播发了西北民主联军骑兵第六师成立通电，通电响彻黄土高原，响彻长城内外：

铎等投身戎伍，原欲张靖国军之大义，实行革命导师孙中山先生之革命三民主义，以期驱外寇以求独立，除国贼而要民生。溯抗战之前，蒋介石借口退让，纵日寇深入国土；抗战之后，则消极对日，积极反共，对其所谓"杂牌"断削吞并，不遗余力。本军年来驻守榆横，未敢稍懈，但亦难免蒋胡之吞并掠夺，如陈长捷、董钊、何文鼎、徐子佳辈先后而至，造谣中伤，挑拨分化，无所不用其极。去岁以还，不仅严令整编，大加削减，且屡下攻击中共边区之令，驱铎等屠杀无辜同胞，徒负千载不义之名，借刀杀人，其计甚毒！且蒋记集团卖国事实，历历可数，一切"美化"，人人皆知，专制独裁，变本加厉，内战之火，旷古未有，目睹我国不亡于日，将亡于美，汪精卫虽死，继者已有其人，故孙中山先生革命三民主义，早被蒋记集团抛弃殆尽，铎等决不敢亦决不愿为蒋胡一家之利欲，视我国沦为美帝国主义之奴隶，故毅然于上月十三日在横山起义，复于本月四日正式成立西北民主联军骑兵第六师，今后当一本初衷，拥护邓长官、左军长，继承靖国军之革命传统，为反对卖国坚持独立、反对内战坚持和平、反对独裁坚持民主而奋斗到底，并当以民主思想武装本军官兵头脑，加强军事训练，改进军民关系，秣马厉兵，决与各友军携手共进，誓将粉碎蒋胡之恶毒进攻，解放西北与

全国人民，不达目的，绝不甘心。谨此奉闻，尚乞匡正！

　　在延安机场到延安市内的五里长路上，西北民主联军骑兵第六师全体指战员高举"向毛主席朱总司令致敬"的大门旗走了过来，边区党政军民代表列队欢迎，高呼口号——"热烈欢迎骑六师全体起义将士！""热烈欢迎胡景铎将军！""打倒蒋介石！打倒胡宗南！"慰劳点一个接着一个。群众敲锣打鼓、载歌载舞。起义将士激动得流下热泪。胡景铎和范明、师源、李振华、姚绍文、范止英、张亚雄、魏茂臣、杨汉三等人频频向群众挥手致意。胡景铎和李振华并肩走在一起。李振华是绕道宁夏回到关中，得知已经发动起义的消息后，当即从关中进了边区上到延安的，在延安等待着起义归来的战友们，而妻子闫玉儒也中止了学业，躲到农村。

　　延安街头到处张贴着欢迎骑六师起义将士的标语，有一幅标语是"向胡笠僧先生学习"八个大字，胡景铎看到后流下欣慰的泪水。"树的必赴，终有贯彻之日"，这是长兄的遗志。

　　新出版的《解放日报》刊载了一首诗：

　　　　关中豪杰胡景铎，意志如钢最坚决；
　　　　革命诚无愧乃兄，义旗高揭横山缺。

胡景铎捧着《解放日报》读了好几遍，转头对张颖玲说："豪杰不敢夸，革命没动摇过！"张颖玲抱着孩子，昂着头，说："你是英雄豪杰么，人家说的，我没说。"

高高的宝塔山沐浴在金色的光芒里，潺潺的延河水流淌在收获的季节里。山坡上，川道间，谷子熟

延安宝塔山

了，糜子黄了，枣子红了，还有高大的玉米傲然挺立在款款秋风里。就在这款款秋风里，新华广播电台播发了一条消息：

> 民主革命先驱胡景翼的六弟胡景铎将军，十月十三日率领陕北保安部队五千余人在横山发动了起义，组建了西北民主联军骑兵第六师。榆林方面失掉了五分之一的军队、四分之一的地盘和三分之一的人口。本月十七日，胡景铎将军带领骑六师官兵已抵达延市。

七、跟　上

到了延安就是到了家。走在街上买东西，骑六师的将士，半价；理发，骑六师的将士，半价；洗澡，骑六师的将士，半价；进食堂，骑六师的将士，半价。都是半价，走到哪里都是热情的笑脸。

在枣园礼堂，中央领导同志刘少奇、周恩来、朱德、

延安枣园礼堂

任弼时和中央军委首长彭德怀亲切接见了胡景铎和范明、师源、李振华、姚绍文、范止英、张亚雄、魏茂臣、杨汉三等骑六师团以上主要干部，以及胡景铎的爱人张颖玲，参加接见的还有著名社会活动家杨明轩和美国进步作家安娜·路易斯·斯特朗，陪同接见的是习仲勋和王世泰。刘少奇把两只胳膊抱拢在胸前，祥和的目光看向胡景铎："景铎同志，凡能站在人民方面的部队都一样看待，革命队伍可不分什么杂牌、嫡系，咱们共产党历来反对山头，大家都是为了实现共产主义这个大目标团结奋斗！"周恩来张开手掌，一边掰着指头数着一边说："是呀，我们现在还给了骑六师的指战员们一些非常待遇，购物、理发、洗澡、下馆子可都是半价，目的就是要让同志们切身感受到人民的热爱，感受到革命大家庭的温暖，同志们到了延安就是到了家嘛！"朱德把两只手抄在袖筒里，说："人民军队是为人民服务的，是人民子弟兵，来自人民，服务于人民，人民是水，我们是鱼，时刻不能分离！"任弼时微笑着说："大家都是人民的公仆，都要平等相待，情同手足，我们的干部和战士，只有分工不同，没有高低贵贱之分。"彭德怀一贯严肃地说："我们的军队是人民的军队，是为人民服务的，不是为四大家族少数人服务的，也不是为了个人升官发财！"朱德又颇显认真地问道："六弟，听说庄里镇半条街都是你们家的，那得有多大的剥削量啊？"胡景铎响亮地回答说："总司令，我们家在庄里镇上

置办了一些产业，在外地还有商号，土地有个二百来亩，听我母亲说，佃户夏天缴小麦，秋天缴玉米，每年两茬地租，我常年在外，具体情况不清楚，我结婚从家里一次借出来十万元，给发了军饷啦，不知道家里有多少钱！"众人哈哈大笑起来。安娜·路易斯·斯特朗女士从张颖玲怀里抱过孩子在逗着说话。到底在说些什么，孩子听不懂，张颖玲也不懂。张颖玲就怯生生地站在一边看着已经摆好的几张餐桌，餐桌上有一个个写着名字的小木板，在最中间的主桌上，一个小木板上写的是"毛泽东"，左边的小木板是"胡景铎"，右边的小木板是"张颖玲"，"张颖玲"再右边的小木板是"斯特朗"。啊！原来自己就挨着毛主席，旁边就是外国友人。

　　铭记一生的时刻到来了。一个高大伟岸的身影出现在礼堂门口。毛泽东大步走了进来。众人纷纷说："主席来了，主席来了！"习仲勋领着胡景铎等人迎向毛泽东，介绍说："主席，这是胡景铎同志。"胡景铎向毛泽东立正敬礼。毛泽东伸出手紧紧地握住胡景铎的手，仔细地打量着眼前的革命同志，亲切地说："景铎同志，你能在敌强我弱的情况下，下邓宝珊的船，上习仲勋的船，你选择这个道路是很正确的！"胡景铎感到无比幸福，涌出两行热泪："毛主席……"众人爆发出一阵热烈的掌声。习仲勋继续介绍："主席，范明同志现在是骑六师的政治部主任。"范明向毛泽东立正敬礼。毛泽东伸出手紧紧地握住

范明的手，亲切地说："不用介绍，这是郝克勇同志，也是'杨先生'嘛，我们认识，现在又有新职务啦！"范明既激动又不好意思，说："毛主席，我一定把工作做好！""主席，这是师源同志，现在是骑六师的政治部副主任。"师源向毛泽东立正敬礼。毛泽东伸出手紧紧地握住师源的手，亲切地说："我知道，你是仲勋专门从关中调上来的'师参谋'，你和范明同志的任务都完成得非常好！"师源激动万分："谢谢毛主席！谢谢毛主席！""主席，这是李振华同志，是骑六师的参谋长。"李振华向毛泽东立正敬礼。毛泽东伸出手紧紧地握住李振华的手，亲切地说："振华同志文武兼备，是抗日烈火锻炼出来的优秀指挥员啊！"李振华激动得泪花在眼睛里直打转："毛主席好！毛主席好！""主席，这是姚绍文同志，是骑六师的副参谋长。"姚绍文向毛泽东立正敬礼。毛泽东伸出手紧紧地握住姚绍文的手，说："你和景铎同志一起在山西抗日，又比景铎同志先到陕北，是一名优秀的军事参谋！"姚绍文激动地说："感谢毛主席！""主席，这是范止英同志，是骑六师的供给部长。"范止英向毛泽东立正敬礼。毛泽东伸出手紧紧地握住范止英的手，说："你是骑六师的粮草官嘛，兵马未动粮草先行。"范止英激动得脸上笑开了花。习仲勋继续介绍："主席，这是张亚雄同志，是骑六师一团团长。"张亚雄向毛泽东立正敬礼。毛泽东伸出手紧紧地握住张亚雄的手，说："我知道你，你是一

员猛将，猛张飞嘛！"张亚雄激动得涨红了脸，就那样站立着，说："是！""主席，这是魏茂臣同志，是骑六师二团团长。"魏茂臣向毛泽东立正敬礼。毛泽东伸出手紧紧地握住魏茂臣的手，说："茂臣同志是笠僧先生的老部下，是一个追求光明的人。"魏茂臣激动得连连说："毛主席、毛主席……""主席，这是杨汉三同志，是骑六师三团团长。"杨汉三向毛泽东立正敬礼。毛泽东伸出手紧紧地握住杨汉三的手，说："汉三同志，你在胡宗南那里可是挂了号的，你的革命意志值得大家学习。"杨汉三激动得哽咽了起来，一时间泣不成声。怀里抱着孩子的张颖玲无所适从，走到胡景铎身边，不断拿胳膊肘磕碰着笔直站立的丈夫。习仲勋陪着毛泽东走了回来。"主席，这是胡景铎同志的爱人张颖玲同志。"张颖玲就抱着孩子不知所措地笑着、看着。毛泽东看着张颖玲，无比亲切、无比祥和、无比响亮地说："随军家属嘛，跟上！"说着话，毛泽东伸出双手从张颖玲手里抱过孩子。众人都笑了起来。张颖玲很紧张，很局促，很不安，脸上不知道是白还是红，眼睛不知道该是看向孩子还是看向丈夫，一双手也不知道应该放到哪里。习仲勋从毛泽东怀里接过孩子，交给了张颖玲。毛泽东看向眼前站成一排的骑六师主要干部，若有所思地说："同志们的革命行动给西北的旧军队指出了一条光明大道！"略略停顿了一下，毛泽东继续说：

从这次起义中进一步看到了党的统一战线的威力，原来打算五至七年解放全中国的计划，看来可以缩短几年。国民党失败的原因是贪污腐化、脱离群众。美蒋那只船现在虽然大些，却是一只破船，一遇风浪就会沉没，德、日、意帝国主义的失败就是明显的例证。我们这只革命的船现在还小些，却是崭新的，能够乘风破浪，胜利前进。我们党有二十六年的斗争历史，苏联有三十年的斗争历史，都是为人民服务的。革命一定会成功，但困难是存在的，所以我们要准备随时克服困难，将革命进行到底，才能取得最后胜利！

礼堂内爆发出热烈、持久的掌声。

"同志们的革命行动给西北的旧军队指出了一条光明大道！"

这是毛主席讲的！

这是骑六师全体指战员的光荣！

同志们走上了光明大道！

光明大道就在脚下，就在前方。

这一天是一九四六年十二月二十四日。

延安，枣园。

这是一生的铭记！这是一生的荣耀！这是一生的鞭策！

夜幕如漆，高原静谧。在王家坪中央军委驻地，一间办公室里的灯光一直亮着，那是毛泽东在工作。

一盏油灯前，毛泽东左手拿着一份电报在阅读思考，右手夹着一支香烟，香烟在燃烧。旁边，一个火炉里的木炭闪动着些许淡蓝的微光。

一个阳光温暖的上午，胡景铎走进了毛泽东的办公室。胡景铎向俯身在办公桌前的毛泽东立正、敬礼、报告——"主席"——礼毕，垂手站立在那里。毛泽东抬起头看见胡景铎，招呼说："景铎同志，快坐啊！"胡景铎回答："是！"毛泽东放下手中的文件，站起身，看见胡景铎还是站立在原地，神情严肃，就大步走过来，拉起他的手，笑着说："这不是操场，不要站了！"胡景铎随毛泽东在靠墙的两张椅子上坐下来，中间摆着一个小茶桌，上面有一个茶壶，几个茶碗。胡景铎端端正正地坐在椅子上。一名战士给胡景铎倒了一碗茶水，又把毛泽东的茶碗从办公桌上端过来，添上茶水，然后走了出去。毛泽东伸手到棉衣兜里去掏，什么也没有掏到，便站起身走回办公桌前拿过香烟，再坐到椅子上，抽出一支递给胡景铎，又抽出一支拿在手里，看着胡景铎风趣地说道："医生限制我抽烟，难道限制同志们吸烟了吗？"胡景铎把毛泽东递过来的那支香烟搁在小茶桌上，掏出火柴给毛泽东点着香烟。毛泽东吸了一口香烟，问："听说你和你五哥还打了一仗？"胡景铎回答："他派部队要捣毁我的司令部，活捉

我。"毛泽东说："他不是没捉去，还损兵折将了一番吗？将来你们总要见面的，解放全人类嘛！你把烟点上，我们共产党人没有高低贵贱之分，要说有分别，吸烟的同志要尊重不吸烟的同志的感受嘛！"胡景铎回答："是！"看着胡景铎点上香烟，毛泽东接着问道："你看邓先生怎么样？"胡景铎想了想，回答："他也免不了要起义。"毛泽东点点头，说："在一定的条件下是可能的。"毛泽东又吸了一口香烟，赞许说："你能看到这一点是难能可贵的。你五哥是跟邓先生的，将来还是要回到人民的阵营。下一步对部队要进行教育，首先是学一学古田会议的决议。我们的军队不仅是能打仗，而且要到处能做宣传工作、组织群众的工作，要做到既是战斗队，又是宣传队，

延安王家坪中央军委驻地

又是工作队。你们可以到兄弟部队去互相学习。"胡景铎说："我们部队向兄弟部队学习是很有必要的，但要学我们，是没有啥可学的。"毛泽东摆了摆手说："不见得！"停了一下，毛泽东又突然问道："你打过战士没有？"胡景铎说："我急了也打过战士。"毛泽东说："我反对急躁、反对打骂人，今后不准你打我的兵！"胡景铎用力地点头，他知道，毛主席是在一点一滴地教导自己。

到了延安，胡景铎心里时刻都是热乎乎的、暖洋洋的。毛主席和中央首长都关怀备至，都没有把他当外人，都非常亲切温暖，他的部队的驻地距离党中央比其他兄弟部队还要近一些。毛主席接见了骑六师的主要干部，毛主席还单独找他谈话，给他讲述革命道理，要他们和兄弟部队互相学习，还要兄弟部队向他们学习，还批评他打骂战士，还命令他今后不准打骂战士。因为，他和战士们都是党和毛主席的兵。胡景铎大步直行，目光坚定地走在毛主席指出的光明大道上。

按照中央军委命令，骑六师进驻延安南边的甘泉县清泉沟集中整训，早晚进行军事训练，中午开展政治学习。

在清泉沟骑六师驻地胡景铎房间里，张颖玲抱着孩子，出神地看着桌子上一张空白的中国共产党党员发展登记表，耳朵里回响着一名干部的话——"张颖玲同志，你在起义中立场坚定，没有退缩，坚决完成了掐断电话线的任务，组织上考虑发展你为中国共产党党员！"房间里生

着一个火炉，很暖和。

张颖玲抱着孩子走出房间，走到训练场边，和几名家属及一堆孩子在一起看着进行军事训练的骑六师指战员。几个大一点儿的孩子在看样学样地舞枪弄棒。到了清泉沟，张颖玲又认识了好些个随军家属，大家亲如姐妹，其

胡景铎一家在延安

乐融融，最有意思的是杨汉三的家属和许秀岐的家属一样，都裹着一双小脚，走起路来都颤颤巍巍，风都能给吹跑喽。

胡景铎回来了。那张空白的中国共产党党员发展登记表平铺在桌子上。张颖玲抱着孩子，充满期待地看着丈夫。胡景铎看了一眼空白表，然后看着张颖玲说："你杀了几个敌人？就入党哩？党员就这么好当的?！"这是什么话，没有杀几个敌人就不能入党？张颖玲眼睛里全成了失望，泪花似乎也要迸出来，看着桌子上的空白表说："表咋弄？"胡景铎说："表搁这儿。"空白表就搁在桌子上。

大雪说来就来，整整下了一个晚上，地上的雪都盖过了脚腕子。清晨，指战员们就在冰天雪地里进行军事训练。

房间里，火炉里的火很旺，火苗很亮，张颖玲抱着孩子，高兴万分地看着桌子上一张空白的延安大学新生入学推荐表。虽然上了两回初中都没有毕业，但是自己从小就热爱学习，成绩也很好，大哥、二哥都是大学毕业，三哥是师范毕业，都学习优秀，自己有一百个信心刻苦学习，不拖后腿，大家都互相鼓励要学习进步，自己更不能甘居人后，张颖玲信心满怀。

晚上，胡景铎回来了。那张空白的延安大学新生入学推荐表平铺在桌子上。张颖玲抱着孩子，满脸笑容地看着胡景铎。胡景铎看了一眼空白表，然后看着张颖玲。张颖玲抢先说："听说夏长庚都去啦。"胡景铎说："夏长庚表现突出，你去了娃谁管哩？"张颖玲眼睛一下子睁得大大的，看看胡景铎，又看看桌子上的推荐表，似乎不认识自己的丈夫了，几颗泪花也不争气地迸了出来，就挂在眼帘上，说："表咋弄？"胡景铎说："表搁这儿。"空白表就搁在桌子上。

转过年，开春还没几天，胡宗南就上来了。黄土高原上，全副美式装备的国民党部队兵分两路，一左一右向延安扑来，汽车、坦克在大道上疾驰，一辆接着一辆，钢盔和刺刀摩肩接踵，映出的寒光一片漫过一片。

在一九四六年下半年，几百万的国民党大军虽然占领了一百来座城市，但连打败仗，损失了七十多万兵力，有好几万部队竟然都是阵前起义投共了，对解放区的全面进攻没有讨到实际的便宜。到了一九四七年春，蒋介石只得收缩兵力，改全面进攻为东西两翼重点进攻。东是山东解放区，集结了四十五万大军，要一举消灭南京的"心腹之患"；西是陕甘宁边区，准备了二十五万大军，胡宗南的十七万人马从南向北进攻，占领延安，甘肃青海的马家军七万人马和榆林的一万多人马从西面和北面合围，誓要对"共军老巢"以"犁庭扫穴，切实占领"。

陕甘宁边区只有六个旅两万六千多人，敌我兵力九比一。中共中央决定撤离延安，让敌人把包袱背上。毛泽东和周恩来、任弼时带领中央机关和解放军总部开始转战陕北，指挥全国解放战争。刘少奇和朱德等人带领中央工作委员会前往华北，进行中央委托的工作。陕甘宁边区的一切部队统归彭德怀和习仲勋指挥，在山沟沟里面打转转，把敌人的几十万大军拖到边区，拖垮、打败。

延安的撤离工作紧张而有序，干部和群众都行动起来，把一座空城留给胡宗南。已在边区政府工作的杨明轩特别忙碌，既要安排汽车，还要安排骡车和马匹，送走那个，接着送走这个。胡希仲和十几名伤病员已经登上一辆卡车的车厢。站在车厢里，胡希仲看着延安，看着宝塔山，看着延河水，看着匆匆撤离的干部群众，看着就在路

边给几名干部战士仔细叮咛的杨明轩。他知道，自己虽然不能在枪林弹雨中冲锋陷阵，但是人民军队一定能够打败胡宗南，六大胡景铎带领骑六师一定会多消灭敌人，延安还是要回来的。胡宗南从南边上来，马家军从西边过来，邓先生麾下的二十二军从北边下来，胡宗南是一定要进占延安的，这份功劳不能是别人的。胡希仲明白，胡宗南进了延安，就是进了大山深沟里晕头转向的开始。胡希仲渴望留下来拿起枪和胡宗南战斗，但是西北局和边区政府安排伤病员第一批撤离，杨明轩先生扶着他登上车厢转头就忙去了。杨先生是他和六大胡景铎革命启蒙的老师，更是关爱呵护自己的父辈，就在那里操劳着，而另一位父辈邓先生现在应该很难很难，他是共产党的朋友，二十二军是在他的麾下，但不是他的部队，他实在是有心无力，他的女儿友梅就是共产党员。友梅还好吗？胡希仲不知道。

晚上，胡景铎终于回来了，张颖玲已经急得团团转，好些家属和娃都转移走啦，就她和娃啥都不知道，娃在一边玩耍，才学会叫爸爸妈妈。胡景铎一推开门就说："明早起来往延安走，联防司令部有汽车，送到山西去。"胡景铎说着话，脱下帽子挂在墙上。张颖玲瞪大了眼睛，呆呆地看着胡景铎。胡景铎接着说："人家都截儿截儿要牲口，你也截儿截儿要牲口。"胡景铎说完了，张颖玲终于忍不住哇地一声哭了起来，站在那里，眼泪哗哗地流，用

手背堵也堵不住。正在玩耍的孩子不知道发生了什么事，吓得扑过来抱着妈妈的腿也大哭起来。在大人小娃的哭声里，供给部长范止英推开门走了进来，惊讶地问："咋哭啦？"胡景铎说："走啦就哭！"范止英说："咋走？"胡景铎说："咱南下，她北上。"张颖玲伤心至极地哭诉道："还不叫人送我，还有娃。"范止英说："明天叫骡子送到延安，啥都弄好了骡子再回来，不行就让骡子继续送，安排一个马夫跟着。"这时，三团长杨汉三和一团一营长许秀岐也走了进来。杨汉三说："我老婆早上也忘了安排叫走，两个娃。"许秀岐说："还有我老婆，两个娃。"胡景铎已经把娃抱在怀里。张颖玲已经坐到了炕沿上，还在抹着泪。范止英说："一块走，还有个伴儿。"

清晨，一支队伍离开清泉沟，向北进发，两头骡子、两匹马、一头驴。四个士兵，其中一个是胡景铎的警卫员黄福禄。三个家属，张颖玲和杨汉三家属、许秀岐家属，五个孩子，杨汉三的两个男孩，一个六岁，一个两岁；许秀岐的一个女孩，四岁，一个男孩，一岁多；胡景铎的一个男孩，一岁多。一头骡子驮着一个驮子，驮子两边是两个最小的男孩，还各搭着一个皮箱；张颖玲骑在另一头骡子上；杨汉三家属骑在一匹马上，身前抱着小一点儿的男孩；杨汉三大一点的男孩和许秀岐的女孩骑在另一匹马上，鞍子两边还搭着一些行李；许秀岐家属骑在那头驴上。黄福禄在前边引路，一名士兵牵着驮着两个孩子的那

匹马，两名士兵照看着驮着两个孩子的那头骡子。张颖玲的耳朵里老是响着胡景铎说的话——"骡子送到延安就让骡子回来，把这两箱子书看好，不敢遗喽！"张颖玲的脸上半是委屈，半是不甘。

延安城内已是空空荡荡。

张颖玲一行走到了延安的目的地——陕甘宁边区交际处——大门外没有一个人。张颖玲看见杨明轩从里面一路小跑着迎了出来，赶紧从骡子上跳下来。杨明轩说："咋这么迟的？车早都走啦！"张颖玲站在杨明轩面前，惊慌地说："杨先生，那咋办呀？"杨明轩说："老六这是咋搞的？玲儿，北上！赶紧出发！"杨汉三家属和许秀岐家属听见杨明轩说"车早都走啦"，就已经开始抽泣起来。张颖玲这一下是从头到脚的忧愁熬煎，看看杨明轩，又看看自己的队伍和队伍里抽泣不止的两个小脚妇女，还有几个孩子和几个士兵，咬了咬牙，横了横心说："北上就北上！"张颖玲骑上了骡子。杨明轩说："北上，朝黄河边走，过黄河，沿路找乡干部、找老乡要吃的。"张颖玲的队伍从延安出发了。

在彭德怀和习仲勋指挥主力部队牵着胡宗南的鼻子在大山深沟转圈游行的时候，王世泰和胡景铎带领包括骑六师在内的一部分部队南下关中，转战陇东，袭扰胡宗南的后方，牵制和打乱胡宗南的兵力部署，配合主力部队一口一口吃掉敌人。

张颖玲的队伍走到安塞，在一户群众家里吃上了一口热饭。三个家属和五个孩子正在喝小米粥，四名战士正在给牲口添加草料，这家的老乡就从外面跑了进来，说："胡宗南上来啦！赶紧走！赶紧走！"一边说着话，一边脚下不停地朝一口窑洞里跑去。家属抱起了孩子，战士把驮子放到了一头骡子上，把两个皮箱搭到了驮子两边，家属和孩子骑上了牲口，一行人急匆匆出发了。那名老乡又从窑洞里快步跑出来，肩上扛着一个口袋，手里提着一个小布袋，撵上几步，把小布袋递给一名战士，说："前面走着截儿截儿要，一人一天二两小米。粮食都要坚壁起来，一粒也不给胡宗南留！快走！"

从白天走到黑，黑了继续走，不敢停，也遇不到能停的人家，能遇到的都是在转移的群众，朝山里头转移，从这边转移过去，等国民党的兵过去了又从那边转移过来。朦朦胧胧的月色下，张颖玲的队伍在大山上行军，一面是高山，一面是深沟。张颖玲抱着娃，拽着骡子尾巴，黄福禄在前面牵着骡子，杨汉三家属拽着马尾巴，许秀岐家属拽着驴尾巴，黄福禄等四名士兵一人都抱着一个孩子，还要牵着一头牲口，还有一匹马跟着走。那两个是小脚，不用抱娃，光是跟着走都跟不上，张颖玲的队伍艰难地向前行进。

黄土高原，山大沟深，道远路险。

日出日落，日落日出，遇到的群众说，胡宗南已经占

了延安，赶紧走。张颖玲的队伍就赶紧加快速度。有遇到的群众说，野战军在青化砭消灭了胡宗南一个旅，把胡宗南打败啦。张颖玲的队伍就高高兴兴地唱起陕北民歌：

> 太阳升，东方红，中国出了个毛泽东，他为人民谋生存，呀嗨嗬呀，他是人民大救星。三山低，五岳高，毛泽东治国有勋劳，边区办得呱呱叫，呀嗨嗬呀，老百姓颂唐尧……

唱起"太阳升，东方红"，人就精神了一截子，马和骡子也欢实了起来，那头驴叫的声音更大了。老远看见人，张颖玲的队伍马上就不唱了，得提高警惕。

胡宗南上来得很快，很快便占领了延安。虽然是一座空城，但"俘虏敌五万众，缴获武器弹药无数"，的确"苦心努力，赤忱忠勇"，蒋介石在南京"无任欣慰"。就在胡宗南占领延安的第二天，在榆林的邓宝珊陷入巨大的悲痛，女儿友梅知道了胡宗南占领延安的消息。

春天是播撒希望的季节，是放飞生命的日子。

榆林城外，桃林山庄依旧，士兵持枪站立，院门敞开着，没有进进出出的繁忙和嘈杂。就在桃林山庄上面的山峁顶上，出现了一个圆丘状的新坟，坟前树立着一块石碑，上面题写着几个字——"亡女友梅之墓"。

胡宗南的部队在羊马河又被消灭了一个旅。羊马河是

啥地方，在哪里，张颖玲不知道。胡宗南肯定气红了眼，张颖玲想这是肯定的。走在路上遇到胡宗南的人可千万不敢暴露了，胡景铎起义啦，国民党要活捉胡景铎的家属和娃哩，张颖玲越走越提心吊胆。

张颖玲的队伍朝前走，迎面过来几个骑马拿枪的人，挡住去路。黄福禄带着三名战士亮出了枪，指向来人。一个看起来是带头的人跳下马，看了又看张颖玲一行人，最后盯着张颖玲，说："你是胡师长家里的？"张颖玲说："不是。"带头的人说："就是么，我看就是。"张颖玲心里紧张起来，想了想，说："你寻人家弄啥呀？"带头的人说："师长说啦，要把家属保护好，叫来接你哩！"说着话，带头的人拿出一个条子，递了过来。黄福禄接过来交给张颖玲，条子上盖着骑六师的红章子。带头的人说："你再不要受这洋罪啦，跟我走，吃的住的都准备得好好的，离绥德不远啦，都送到黄河那边去。"张颖玲拿着条子看了又看，看了再看，咋看都觉得像是拿萝卜刻的假章子给盖的红印印子，红红的，像真的，但就是假的，外面一圈跟里面的轻重都不一样。张颖玲把黄福禄拉到一边，低声商量了几句。然后，张颖玲说："走！"甩又甩不开，跑又跑不过，打的话自己这边都是家属孩子，管他哩，跟着去先吃个饱肚子再说，都饿了快二十四小时啦，娃都哭不动啦。

王世泰和胡景铎指挥部队在南线突然解放了栒邑（今

旬邑）县城，吸引了国民党部队几个师的兵力，接着在关中的长武、宁县和陇东的合水、华池等地牵引作战，且战且走，且走且战。

张颖玲的队伍现在跟着不认识的人即将走到一个不知道的地方。朝前走着，许秀岐家属在驴背上突然放声哭起来，一边哭一边骂："许秀岐心坏啦，心坏啦，师长派人来找，他咋不派人来找？他不要我啦！他不要我啦！"张颖玲赶紧回头，瞪大眼睛，压低声音，说："不准哭！你们谁再号？再号就暴露啦。不懂事！"许秀岐家属抽抽搭搭着鼻子，不敢出声了。

一个高高的大山梁下面是一个深深的大山沟，从上到下、从下到上一共有四层窑洞，就出现在眼前、脚下。带头的人开了腔，安排起来："许连长的家属和娃住在最底下一排的窑里，杨团长的家属和娃住在底下二排的窑里，胡师长家属和娃就住在三排这个大窑里，旁边那个窑是拴牲口的，四个男同志住在上头这排窑洞里。先把行李都放下，马喂上，咱就吃饭。"张颖玲看了又看突然出现的大山沟和四排窑洞，说："这样，三个女的都带娃，一个炕就够啦，你说的那个大窑就行，男同志和牲口就在旁边那个窑，男同志睡窑外边。"带头的那个人只能遵从胡师长家属的指示，领着张颖玲一行人朝着从下到上第三排窑洞走去。张颖玲和黄福禄等四个士兵都在警惕地观察所经过的每一个窑洞，窑洞是坚固的石窑，窑洞门是厚厚的大木

门，上面挂着大铁锁子，窗户都用木板封得严严实实的。另外两个家属和几个孩子倒是高兴万分，走着说着，打着闹着，因为终于到了好地方，能吃饱肚子啦。

到了最大的那个窑洞的外面，那几个人帮着把牲口驮着的行李取下来。带头的那个人指着两个皮箱说："这是啥好的？"张颖玲说："书，都是书！"行李和两箱子书都拿进了大窑洞里，张颖玲等家属和孩子也走进大窑洞。

很大很深的一个大窑洞，靠外面是一个大炕，能住好几个人，里面是一卷一卷的布匹整整齐齐地摞在那里。几个孩子已经喊的喊，跳的跳，闹的闹。张颖玲也咧开嘴笑着，眉头不由皱了几下。

紧挨着的一个窑洞里，几头牲口挤在槽上大口大口地吃着草料。

另外一个窑洞里，张颖玲一行人围在一张大桌子前开始吃饭，那几个人跑前跑后地上着菜、端着饭。窑洞深处，一袋一袋的面粉整整齐齐地堆放在那里。每个人都吃得很香，很美，几个孩子没有一个哭闹的，大人小孩都忙乎着给嘴巴里塞东西。

睡到后半夜，张颖玲的队伍悄悄地起来走了。几个孩子还都睡得香香的，抱着就走。胡景铎的那两箱子书不见了，睡觉前就好好地搁在炕头里，不见就不见了，赶紧走。

张颖玲的队伍从后半夜走到了早上，又从早上走到了中午。那个带头的人又骑着马从后面撵了上来，喊叫着："一路找不见你，师长让一定找见你哩！"后面远远地还跟上来一个人。张颖玲的队伍停了下来。张颖玲对黄福禄大声说："黄福禄，你几个把这个人送到区政府去。"黄福禄拔出手枪，带着另外三名战士向着带头的人迎上去。带头的人一看情况不妙，打转马头就跑。张颖玲的队伍继续前进。

一天一天过去，张颖玲的队伍走过了清涧，走过了绥德，一路上还壮大了队伍，增加了六个背着步枪的士兵。这六个士兵是打仗打散啦，在寻找主力部队的路上加入了张颖玲的队伍。这六个士兵说，彭老总和习书记指挥西北野战军打下了蟠龙镇，把胡宗南的后勤基地给一锅端啦，敌人现在不敢单独行动，都是一个一个地齐步走，要白天走，不敢黑喽走，要走山梁梁，都不敢走山沟沟啦，害怕给包了饺子、切了尾巴。这六个士兵也不知道王世泰和胡景铎的消息，但是对张颖玲这位骑六师师长的爱人非常尊敬，非常亲切，还给张颖玲几个人教会了一首打油诗，大家就边走边念，边念边笑，走得轻快极了：

胡蛮胡蛮不中用，延榆公路打不通；丢了蟠龙丢绥德，一趟游行两头空；官兵六千当俘虏，九个半旅像狗熊；害得榆林邓宝珊，不上不下半空中。

说到邓先生，张颖玲不禁发起了愁，邓先生对胡景铎很好，他女儿友梅就是共产党，他咋还不起义哩？咋还听蒋介石的哩？毛主席都说啦，要不了几年就打败蒋介石啦么。胡景铎在南边打了几仗？打赢了还是打输了？负伤了没有？这些，张颖玲想不过来，也就顾不上想，黄河到了。

走到黄河边，渡船已经坚壁起来，河面上光光的。张颖玲和黄福禄找到当地的干部，介绍说他们一行是骑六师的家属，她是师长胡景铎的爱人，干部马上给找来一条渡船。

第一趟，渡过去了张颖玲等三个家属、五个孩子和两名士兵。

第二趟，渡过去了两名士兵和一头牲口。

渡船不大也不小，人能坐七八个，牲口一个就占满了地方。

来来回回渡了六趟，人和牲口都过去了。

黄河水急浪大，终归安安全全渡了过去，到了河东，到了晋绥边区。

在南线，王世泰和胡景铎指挥部队牵制敌人、拉开敌人，在运动中集中优势兵力逐个消灭敌人。在一个叫桃树庄的地方，五个旅的国民党部队紧紧地咬在后面，紧追不舍。主力部队迅速向深山里撤退，担任后卫的骑六师一个连被赶上来的敌人切断了，陷入孤立无援的境地。连长

带领全连战士佯装主力，分散出击，且战且走，把敌人引向一个山沟里。发现上当了的敌人气急败坏，集中炮火覆盖了山沟。硝烟散尽，焦黑的土地上是一个一个可怕的弹坑。

这个带领全连担任后卫的连长名叫朱光，是第一批从关中上来投奔六大人的青年中间的一个，原是一名老八路。

到了河东，还要走到柳林，转移过来的机关和单位都在那里。沿途都有政府和群众提供吃饭住宿，道路也宽敞了许多，平坦了许多。张颖玲的队伍在两匹马中间用几根木头和几片帆布绑了一个架窝子，张颖玲就抱着孩子和许秀岐小一点的孩子坐在上面，继续前进。一路上，许秀岐小一点的孩子在架窝子上喊着叫着，张颖玲紧抱着的孩子偶尔睁开一下眼皮又合起来，不哭也不闹。一过黄河孩子就拉肚子，不吃不喝。

前面是一条小河，两匹马驮着架窝子开始渡河。突然，一匹马打了个趔趄，架窝子一下掉到河里，张颖玲和两个孩子被河水冲着朝前卷去。几名战士赶快过来救人。两个孩子先从河里捞了起来，许秀岐小一点的孩子在大哭，张颖玲的孩子没有声音。张颖玲也被战士救了起来。一行人总算到了小河对岸。张颖玲把孩子抱在怀里，惊慌失措地看着，孩子睁了一下眼皮，咧了一下嘴巴，想哭，没有声音。张颖玲的眼睛睁得大大的。

一个路边小店里，杨汉三家属在火炉前给张颖玲和两个孩子烤衣服，许秀岐家属坐在那里抱着小一点的男孩，张颖玲坐在那里一个手抱着孩子，一个手端着一碗白酒在喝，张颖玲和两个孩子身上都裹着又宽又大的军装。

到了柳林，不用走了，骑六师的留守处在这儿。张颖玲抱着孩子去看西医，没有药，回来；去看中医，没有药，回来。没有办法了。胡景铎还不知道在哪里？张颖玲就抱着孩子转圈圈、转圈圈……

哎！第二天，孩子眼睛睁开了，张嘴要吃饭。房东给熬的南瓜稀饭端过来，孩子美美喝了半碗。张颖玲高兴得直流眼泪，抹也抹不去。

接到西北野战军司令部命令后，胡景铎带着萧景寿等几名警卫战士从陇东星夜兼程赶到榆林城外，参加进攻榆林的战斗。

西北野战军一路势如破竹，攻克了榆林驻军一个又一个据点。守敌退缩到榆林城内，利用坚固的城墙拼死抵抗。战斗异常激烈，双方枪炮齐鸣，守的出不来，攻的进不去。

在取得青化砭、羊马河、蟠龙镇三战三捷后，为调动胡宗南部队，创造有利战机，并消除榆林驻军对西北野战军的侧背威胁，彭德怀挥师北上，发起对榆林的战斗。这时，习仲勋已经从前线返回后方，和贺龙一道领导河东河西的统一支前工作。榆林战斗在调动胡宗南部队北上救援

后即告结束，胡景铎也离开野战军，随陕甘宁晋绥联防军司令部渡过黄河，到了柳林。

孩子快两岁了，就躲在妈妈身后，跟爸爸已经半年多没见过面。张颖玲站在那里说："娃都不认得你啦！"胡景铎一边去拉孩子的手，一边说："娃咋不认得我哩？是你有意见哩。"说着话，胡景铎抱起了孩子。胡景铎抱着孩子亲了又亲，然后看向张颖玲，严肃地说："跟上军人就是这，革命斗争的实践证明，张颖玲同志是一名勇敢的革命战士！"张颖玲扑哧一声笑了起来，捂着嘴说："我一路上还收了好几个兵哩，壮大了革命力量。"胡景铎说："看把你骄傲的，我都知道啦，我那两箱子书哩？"张颖玲说："在特务的窑里遗啦！"胡景铎说："可惜啦，那都是些好书！"张颖玲不言语。孩子忽然响亮地叫了一声——"爸爸！"

胡景铎一到柳林，就发生了一件想打想骂想枪毙的事情。陕甘宁晋绥联防军司令部缉私处的一名同志向胡景铎报告："胡师长，你们留守处的商店和柳林税务局发生了事情，税务局没收了商店的物资，你们的供给科长张立山叫商店的人持枪到税务局抢夺，还有你的警卫员萧景寿参加，有几个已经被缉私处扣了下来，还有几个跑啦。这件事张立山清楚，他是受商店的一些坏人挑唆干的。"胡景铎脸色铁青，萧景寿是跟着他才到柳林的。

胡景铎让黄福禄叫来了张立山。张立山耷拉着脑袋

202

说:"我叫的萧景寿等几个人,我接受处罚。"黄福禄说:"萧景寿和另外两个都跑了,撵不上啦。"胡景铎恨铁不成钢。毛主席命令他:"你不能打我的兵!"胡景铎把毛主席的命令瞬间想了好几遍。胡景铎瞪着张立山,严厉地说:"跑,跑能解决问题?跑了,啥事都没发生过?我们是革命战士,不是强盗土匪!政治学习都忘到二梁上去啦?一点记性都没有?毛主席是咋表扬骑六师的?毛主席是咋样要求咱们的?全师每一名指战员都传达学习,都时刻记在心里。'同志们的革命行动给西北的旧军队指出了一条光明大道!'咱们就是这样走在光明大道上?马上到缉私处去说明问题,接受处理!"

傍晚,张立山在黄福禄的目送下走进陕甘宁晋绥联防军司令部缉私处的大门。进门前,张立山向黄福禄立正敬礼,黄福禄也立正还礼。

萧景寿带着人持枪逼住税务局的同志,下令抢回物资后就清醒了过来,悔恨交加,知道犯了大错,没有了脸面见胡景铎,他跟着胡景铎才从前线回到后方,就干出了这么一个事,只有将功赎罪一条路啦。三个人意见一致,跑到部队去将功赎罪,决不叛逃。萧景寿又回到在陇东作战的骑六师,还带了两个人。

在骑六师师部内,李振华看着把脑袋都耷拉到裤裆里的三个人,说:"持枪抢了税务局,是英雄,出了事一走了之,更是英雄!英雄?真的成了英雄啦?我看是狗

熊！有啥想法，说吧！"三个人慢慢抬起头看着李振华。萧景寿嗫嚅着说："李参谋长，我们知道犯了错误，一害怕就跑啦，就想回部队，打仗，立功赎罪！"另外两个人也跟着说："决不当逃兵，打仗，立功赎罪！"李振华说："每个人写一份检查，深刻总结自己的错误，该咋处理就咋处理，先跟着部队，我这就报告联防司令部和胡师长。"三人立正回答："是！"

到了柳林后，胡景铎就进入陕甘宁晋绥联防军司令部，一边工作，一边学习。在榆林战斗调动胡宗南部队后，西北野战军接连取得胜利，胡宗南部不得不向南败退，延安也在一年后回到人民的手里，西北战场进入了战略反攻阶段。胡景铎随陕甘宁晋绥联防军司令部从河东回到河西，回到了延安。

进入一九四九年，随着西北解放步伐的加快，榆林问题到了应该解决的时候。邓宝珊已经去了北平，协助傅作义与中国人民解放军签订了北平和平解放的协议。邓宝珊从北平给榆林二十二军军长左协中发回电报，要求二十二军在榆林尽早起义。但是二十二军在榆林驻了一个师，在绥远①的包头还驻了一个师，而内部早已人心涣散。军长左协中是一个出名的老实人，确实左右为难。这样就一会儿谈判起义，一会儿停止谈判要跑到包头去，反反复复，

---

① 即当时设立的绥远省，包括今内蒙古自治区中部和南部地区。

摇摇摆摆。

习仲勋点将胡景铎进入榆林现身说法，敦促双方签订谈判协议，能起义就立即起义，要跑掉就瓦解部队，坚决不能放部队跑，并安排榆林工委和榆林军分区配合工作。胡景铎带着黄福禄等人离开延安，进了榆林。

动身前，胡景铎给张颖玲留下两条香烟说："肚子疼你就抽一口烟，抽一口就不疼啦！"两条香烟放在桌子上。张颖玲回到延安就突然肚子疼，疼的时候要人命，不疼的时候啥事没有，去看医生，查不出来啥病，也没有止疼药。张颖玲把孩子搂在怀里，眉头蹙在一起，看着桌子上的两条香烟，肚子又疼开了，疼得眼泪都没出息地跌下来，就跌在嘴唇上。

胡景铎进了榆林，遇到的第一个问题是，二十二军副军长、五哥胡景通从南京回到了西安，要回榆林。胡景铎发动起义后，胡景通被蒋介石叫去南京免了各项职务，给了一个虚职让住在南京，现在到了党国用人之际又官复原职，要回来了。胡景通在榆林经营多年，在二十二军中部属众多，军长左协中也要礼让几分，关键的时候军长拿不住副军长的事，反倒是副军长能拿住军长的事。胡景铎不清楚五哥要回榆林的打算，就对左协中说："左军长，我们不同意他回榆林。"左协中却也回答得爽快："我赞同你们的意见，让他到包头去。"棘手的问题解决起来倒也简单。

左协中安排胡景铎给排以上军官讲解共产党的政策。榆林驻军素有"家城一体、无城无家"的说法，多数人都有家有口，有房子有财产，心里的小九九从来就盘算个没停。五百多军官集合在司令部小操场听胡景铎讲政策。胡景铎说："共产党优待起义、俘虏人员的政策是真的，不是假的，我本人就是最好的证明。蒋家王朝的末日已经来临。共产党欢迎起义，对起义部队没有偏见，没有山头和派系，横山起义的部队现在都是主力部队，打得很好！"军官群里一阵嗡嗡声。一名军官问："解放军对起义人员的私人财产怎样处置？"另一名军官抢着问："二十二军过去伤害过八路军，起义后财产能不能保得住？"胡景铎说："二十二军许多人都携带家属和财产，有老婆有娃，还有房子票子，'家城一体，无城无家'嘛，这是事实。共产党的政策是既往不咎。共产党说话历来是算数的。共产党虽然穷，但从来不搜俘虏腰包，至于个人的财产，不动分文。"军官群里又是一阵更大的嗡嗡声。一名军官问："那过去有些人欠陕甘宁贸易公司的债务咋办哩？咱们一些人可都欠着共产党那边的债哩。"胡景铎说："只要他起义，可以一概不追究！"胡景铎没有被共产党枪毙，胡景铎就活生生站在面前，胡景铎的话掷地有声，像黑压压的云层里面终于响起的一声惊雷，炸开啦。

胡景铎讲解政策后，二十二军中每天都有三五成群的官兵携带枪支出城投诚，榆林工委也加大了工作力度，双

方早已经在延安开始的谈判又顺利进行。

突然，从北平回来了一个人，带回榆林问题可以采取的"渐变"和"突变"两种方式。"渐变"是二十二军北上绥远，然后再行谈判；"突变"是就地起义，接受改编。谈判又停了。许多人开始打包行李，准备去包头"渐变"，因为人马多了要价自然高，说不定还会有别的出路。

形势非常严峻。胡景铎派人出城给榆林军分区送信，要求驻在附近的仅有的一个团紧急在榆林城北设防阻拦，给北窜的二十二军以迎头痛击，并放出消息说是有四五个团的兵力。

二十二军的特务营第一个出城北窜，榆林城里的部队都行动起来，要去包头。一片慌乱中，胡景铎登上了南街的一个城楼子。二十二军的特务营刚出城就遭到迎头痛击，被一阵枪林弹雨打蒙了，只好又退回到城里，也搞不清楚城外有多少解放军。榆林城里乱成了一锅粥。

二十二军的高级军官这时候想起了胡景铎，听说胡景铎上了城楼子，就陆续找过来。城楼子上驻有一个排，排长是胡景铎的老警卫员张金生。胡景铎命令张金生架起轻重机枪，严阵以待，死死守住城楼子，没有他的命令，任何人都不准靠近一步。看着城楼子下面的人越聚越多，胡景铎提出三个要求：一是二十二军必须发表通电起义投诚，团以上的军官都要署上名字；二是公开向部队宣布起义受编，同时向居民、学校、机关说明二十二军就地起

义；三是立即向延安发出电报，欢迎派人前来接管榆林。胡景铎说："如果不答应这些条件，那么榆林的解放战争就从这个城楼子上打响！"军长左协中乘势排除阻力，下定决心谈判起义，公开答应了胡景铎的要求。

几天后，双方的谈判从延安移到了榆林，很快达成《榆林局部和谈协议》，左协中等将领通电全国，宣布二十二军接受和平改编。而二十二军在包头的一个师及胡

骑六师战斗场景之一

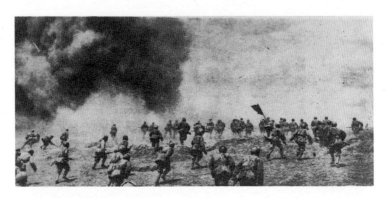

骑六师战斗场景之二

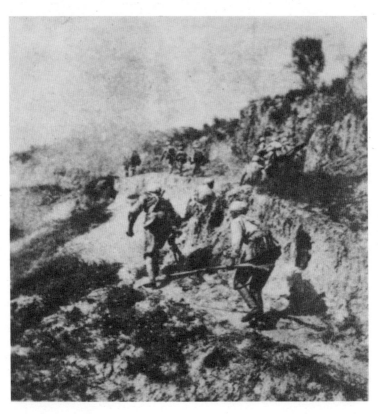

骑六师战斗场景之三

骑六师战斗场景之四

景通等将领，也在随后参加了绥远起义，走向人民。

随着西北解放战争的不断推进，西北民主联军骑兵第六师正式进入中国人民解放军序列，编入西北野战军第四纵队，西北野战军第四纵队其后改称第一野战军第四军。在西北解放战争的伟大历史进程中，原西北民主联军骑兵第六师的广大指战员参战到底，斗志昂扬，作风顽强，打了许多硬仗苦仗，涌现出了许多闻名全国的战斗英雄。营长丁彦荣在富平北部和敌人的一次遭遇战中率领部队猛打猛冲，俘虏敌上校团长一名，在追歼残敌时中弹牺牲，倒

在了前进的道路上。侦察参谋刘吉尧带领六名侦察员在夜晚爬上壁立千仞的华山北峰，配合主力部队迅速歼灭了盘踞在华山天险上的残敌。排长张保英在兰州战役狗娃山战斗中，面对凶恶残暴的马家军骑兵，手持七尺长矛，如入无人之境，一连毙敌十一名。而在柳林犯了错误的张立山，后来随部挺进大西南，在一次战斗冲锋中壮烈牺牲。为了中国人民的解放事业，他们抛头颅、洒热血，有的人牺牲了，有的人活了下来，有的人有名字，有的人没有留下名字，但他们都是英雄，他们的足迹就铭刻在我们的历史上，铭刻在我们民族和国家的记忆里。

八、扎 根

一面鲜艳的五星红旗冉冉升起，迎风飘扬。一个崭新的中国屹立在世界的东方。一九四九年十月一日，毛主席在天安门城楼上庄严宣告："中华人民共和国中央人民政府今天成立了！"

新中国成立后，胡景铎调任中国人民解放军第一步兵学校训练部副部长。第一步兵学校开始设在西安南郊，稍后迁至甘肃天水，改称中国人民解放军天水步兵学校。

一九五〇年十月，中国人民开始了伟大的抗美援朝运动。胡景铎忙得顾不上家，张颖玲也积极参加宣传、募捐工作，工作热情高涨，每一天都有使不完的劲儿。美帝强盗就是武装到了牙齿，也要把它敲碎打烂。

在火热的抗美援朝运动中，张颖玲时时想起毛主席的教导——"随军家属嘛，跟上"——她是随军家属，她就要"跟上"，她要带头"跟上"，一定要为保卫新中国、建设新中国贡献一份力量，干好一个工作。她要上学，要当一名老师，教书育人，建设祖国。

张颖玲考上了西安初级师范学校。早晨，把孩子送到幼儿园，张颖玲就英姿飒爽地去上学，穿着一身宽大的军装，背着一个军用挎包，走在西安街头，走在秋天里，一头齐耳短发格外整齐、格外利落、格外美丽。

　　一个戴着眼镜的男老师站在讲台上讲解着韩愈的《师说》，黑板上的板书非常漂亮——"师说　古之学者必有师。师者，所以传道授业解惑也。……师道之不传也久矣……圣人无常师……"教室里有四十多名学生，年龄有大有小，每个人都在认真听、认真记。张颖玲坐在第一排最中间的那个位子上，神情专注，目不转睛。

　　张颖玲刻苦学习，每一天都很精彩，她要以优异的成绩为打败美帝强盗加油添力，但是肚子又疼得要命，到医院一检查这才知道，原来是胆结石，需要做手术。她躺在了病床上，孩子也托付给了别人，才上了半个学期初级师范，胡景铎随步校去了天水，也不知道一天都在干啥哩。

　　胡景铎分管的是训练教学，最紧迫的工作是把苏联援助武器的规范操作先让教员们完全掌握，再让教员们教会学员，尽快形成战斗力。

　　大雪纷飞。步校大操场上，苏联顾问就趴在一部郭留诺夫重机枪前，趴在雪地里，一边仔细地讲解如何进行射效矫正，一边逐步进行着标准化的示范，胡景铎带领十几名军事教员围在一起认真地听、认真地看，一名军事教员

在进行同步翻译。苏联顾问讲解示范完毕，爬了起来。胡景铎第一个走上前趴在雪地里，开始进行射效矫正说明和操作。苏联顾问弯下腰耐心地指导着。雪越下越大，越积越厚。军事教员们依次趴在雪地里进行射效矫正说明和操作。

主刀医生金大夫走进张颖玲的病房，着急地催促说："叫你爱人赶紧来，要输血，要交钱，还要签字哩。"张颖玲睁着圆圆的眼睛，一眨不眨地看着金大夫："金大夫，那人没钱。"金大夫有些诧异，说："那签字谁签哩？你写信叫回来，不行就给打电话。"张颖玲说："金大夫，就一切托付给你啦，要打电话你打，我不打，人家在部队上回不来。"金大夫也没有了办法。

手术室外，走廊里面，空无一人，静得落下一根针都能听见。

手术后，张颖玲遵照医嘱开始下床活动，先慢慢坐起身，然后慢慢挪下床，再扶着床一步一步慢慢朝前挪。旁边的一个病床是空的，一个病人家属在低头收拾东西。张颖玲在挪动着。收拾完东西的病人家属拉开门走出了病房，带上门，没有说一句话。张颖玲站在那里，看一眼那张空病床，又赶紧移开了眼睛。金大夫推开门走进来，看着张颖玲说："这就对啦，要坚持每天都走两回，不敢老是睡到床上。胆结石是个大手术，在你这儿操不尽的心！"张颖玲轻声答应着："哎，哎。"

张颖玲住了三个月医院，一个人，前面有两个人都没有挺过手术，害怕得很！

　　胡景铎回来啦，就坐在张颖玲的病床上，就笑嘻嘻地看着自己的妻子。张颖玲躺在那里，瞪大着圆圆的眼睛，床头的地下扔着一张十块钱。张颖玲问："十块钱能干啥？"胡景铎拉住张颖玲的手，说："我来了，人家医院就不操心啦。没人，他就操心哩。"张颖玲咬了咬嘴唇，不说话，眼睛还是瞪得圆圆的，泪花就在圆圆的眼睛里打着转转儿。

　　胡景铎请张颖玲看电影。傍晚，电影银幕已经挂了起来，看电影的人在陆续入场。胡景铎和一名战士抬着一副担架，担架上躺着张颖玲，张颖玲的脚前头还放着一把椅子，战士走在前面抬着脚一边，胡景铎走在后面抬着头一边，张颖玲的脸上挂着甜甜的微笑。看电影的人关心地让着路、腾着地方，还帮着取下椅子，还热情地向张颖玲打着招呼："欢迎病号同志看电影！""祝你早日康复！""小同志，你好啊！"张颖玲开心地笑着，答应着。电影开始了，是《英雄儿女》。张颖玲在幸福地看着电影，不时回过头看一眼就在自己身边的丈夫，胡景铎就在那里看着自己的妻子，在妻子回过头来的时候又赶紧把目光投向银幕上的英雄儿女们。

　　一九五四年，胡景铎从部队转业到地方，进入陕西省交通系统工作，担任副厅长兼党组副书记。之后，原

骑六师的指战员也陆续转业，许多都到了陕西交通系统。转业前，已调到国务院工作的习仲勋把胡景铎叫到北京去谈话。习仲勋说："景铎，周总理委托我和你谈话，今后军队上的干部要大量转业，迟转不如早转，还是早转了的好，到地方去搞建设工作，大显身手。"胡景铎说："仲勋，你报告总理，我服从组织分配，党叫干啥就干啥。"习仲勋说："不光是自己做到，你还要带头做好大家的工作，要积极转业，扎根工作岗位，为人民服务。过去打仗冲锋陷阵，今后搞建设冲锋陷阵的精神不能丢了，咱们是一穷二白，一定要尽快干出成绩，让人民群众满意！"胡景铎说："我一定做好大家的工作，讲工作、讲奉献，不讲待遇、不讲条件，走到哪里干革命的本色不能变！"习仲勋说："希仲身体不好，安排在参事室工作，我现在到了北京，你要多照顾一下。"胡景铎说："希仲是个闲不住的人，我监督他劳逸结合，量力而行，你放心。"习仲勋说："你也要注意劳逸结合，注意身体，你有高血压，要少喝一点酒！酒是好东西，喝多了就没有一点好处啦，全是坏处。"胡景铎说："我有一个酒盅，就喝两盅盅。"习仲勋说："两盅盅就两盅盅，一定要隔三差五，不能天天顿顿，要有个够时，不能喝起来没个够。"胡景铎说："记下啦，记下啦。"习仲勋说："过去你发动起义，为革命做出了贡献；今后，到了交通上，要为社会主义建设做出贡献。你这个人，啥事都不藏着掖着，和大家肝胆相

照，这是优点，也是革命者的政治本色，但就是性子急、脾气大，有时候还砸桌子、摔板凳，这些毛病我也有，都要改！"那一天，两个老同学谈到很晚。

转业到地方工作后，胡景铎依旧保持着革命军人的本色和作风，讲要讲明白，干要干在前。

初到交通厅，发现机关作风松散，胡景铎讲："机关同志每天都要做工间操，机关七十多个人，就在操场上画七十几个圈，标上名字，谁要是不到，一看就知道了，不用叫。年轻的同志每天早上跑操，六点开始，我带队。"每天早上六点，胡景铎带领着交通厅的年轻同志在西安街头跑操，从交通厅机关所在的香米园跑到城墙西门口，来回五里多路，跑操的队伍不断壮大着。每天到了十点钟，每个人都在自己的位置上做工间操，自觉自律，积极向上。

在全省民间运输社会主义改造工作会议上，胡景铎讲："对人力架子车、兽力车、三轮车、驮畜、木帆船等的改造要在取得车主、船主的同意下，坚持自愿的原则，可以成立综合性的运输公司或运输合作社，各地不必强求一致，不能生搬硬套，自愿才有劲，强扭的瓜不甜！我当年发动起义，强扭的那几个瓜就不甜，没几天又跑到国民党那边去啦，自愿起义的，后来都是革命骨干，没有一个拖后腿的。我们只有把运输公司、运输合作社办好了，大家看见了，大家想通了，大家就会拥护，就会积极加

入，这样才能把运力最大地释放出来！"

在全省公路运输工作会议上，胡景铎讲："公路运输服务对象是工农业生产和广大人民群众，这一点必须在每个从业人员思想上扎下根，要牢固树立'我为人人，人人为我'的思想，深入开展'假如我是一个旅客'的优质服务竞赛活动，彻底改善对旅客、对货主的服务态度、服务质量。"参加会议的同志认真听，认真记。

在铜川地区公路运输工作会议上，胡景铎走在参会同志中间，讲："你们都好好干，当个先进生产者。我知道有个人当上先进，他妈、他老婆、他娃都高兴。要是当不上先进，他娃说都不好意思，他老婆说不叫你上炕。"参加会议的同志哈哈大笑。大家都说，胡厅长讲话人爱听，听了有劲！

在西安运输公司召开的陕西交通系统学徒工培训开班会议上，胡景铎走在学徒工中间，讲："你们这一百多人是省交通厅委托西安运输公司新招的学徒工，培训合格了，要分到各个岗位上去工作。我今天给你们这些学徒讲话，你们这些年轻学徒都听着，在厂里要好好学技术，为社会主义建设出力。你们每一个人都有师傅，你的师傅就是你的父母亲，一日为师，终身为父。"一百多名学徒工睁大眼睛在看着、听着。胡景铎继续讲："我举个例子，我当了交通厅的副厅长，我回老家富平，每次到村口就下车，走着去见乡邻。所以说，你们这些学徒要尊重恩师，

每天早到半小时，把师傅的工具擦干净，给师傅茶杯把水倒上，这些都是当徒弟要做的。你们都说说，能不能做到？"一百多名学徒工异口同声地回答："能！"

新中国成立初期，工业基础非常薄弱，维修汽车所需要的配件极度紧缺，自己制造不了，花钱也买不来，严重影响运输生产。胡景铎提议并领导建立了西安汽车配件厂，制造易损多用的气缸套、活塞、变速齿轮等配件。西安汽车配件厂建成并顺利投产后，胡景铎又提议并领导建立了西安轮胎翻修厂，每年翻修废旧轮胎五六千条。

发现交通专业人才缺乏，许多技术问题难以解决，胡景铎提议并领导在交通厅干部训练班基础上成立了陕西省交通学校，简称"交校"。交校每一期学员开班，他都要去讲一课。

人是一部完美的机器，会看会听、能走能跑、知冷知热、会思考、能劳动，世界上没有任何一部机器比人还完美！但是，要知道，这部机器不运动就会生锈，这部机器乱运动就会生病。这部机器应该怎样运动？必须讲科学，必须遵照科学规律办事，合理安排、有效利用，根本的，就是三句话：一个是学习好，一个是工作好，一个是生活好。为什么要学习好？很简单，因为，玉不琢，不成器；人不学，不知义。什么是"义"，就是道理、是非。不经过打磨雕

琢就不会成为精美的器物，始终都是一块毛石头，走过的人顶多用脚拨拉一下，拨拉一下还嫌脚疼。同样的道理，一个人不学习，怎样能明白道理、判别是非、提高本领？怎样能发现工作中存在的问题？怎样能解决问题、克服困难？不学习，"不成器"，"不知义"，你这部机器再完美都是个毛石头，能顶个啥用……

陕西省交通学校

黑板上写着一行板书——人是一部完美的机器。学员们惬意地听着，惬意地看着。

在宝鸡地区召开的全省地方道路现场会上，胡景铎主持会议，总结推广"依靠社队、发动群众、自力更生、民

办公助"修建地方公路的经验，他在会议上首次提出了"全省达到县县通公路"的目标任务。

胡景铎爱下基层，交通战线上的干部职工就是他的战友和士兵，无人不知，无人不识，无话不谈。在西安市内，他骑自行车，到了任何单位门口，不管是出还是进，他都是自觉从车子上下来推着走进去。他坐公车外出开会、调研，不管在啥地方，只要遇见同事或熟人在走路，不管是处长还是干事，就一定停下来招呼坐到车上。

胡景铎到基层调研，吃饭的时候坚持到食堂和大家一起排队，大家给他自觉让位，让他排在前面。他说："这不对，排队就是要先来后到么！"他和干部群众同吃同住同劳动，许多人说："胡厅长就是我做人做事的标杆！"

住了三个月医院以后，张颖玲就跟随胡景铎转业到交通系统，当了一名客车售票员。又上了一个半截子学，好处是胆结石这下解决啦，她再也不用"抽一口就不疼啦"！哄人么，抽了五六年，越抽越疼，抽烟有啥好处，白花钱。

在行驶的公共汽车上，张颖玲拿着售票夹子在卖票，态度亲和，满眼含笑，嘱咐着帮助着旅客把行李放好，把孩子抱好，在旅客坐稳坐好后，把旅客递过来的钱点数过后收好，把撕下的车票递给旅客。张颖玲知道自己要带头，"我为人人，人人为我"么，因为她要"跟上"。

"文化大革命"开始后，胡景铎是交通厅被批斗的第

一个人。在西安汽车大修厂，胡景铎等人站在台上，一名造反派指着胡景铎批斗——"你是国民党的残渣余孽，你搞的横山起义是兵临城下的起义，你是兵临城下的降兵败将……"

批斗会结束后，胡景铎在大修厂二楼会议室吃饭。大修厂的一名炊事员走进来，走到胡景铎身边，从围裙里面拿出来一个夹着肉片的蒸馍递到胡景铎手上，说："吃饱吃饱，老汉不怕当保皇派！"会议室里其他人都吃着饭，没有抬头。胡景铎把夹着肉片的蒸馍掰成两半，把一半递给坐在旁边的一个人，互相默默对视了一眼，继续吃饭。

那名炊事员回到厨房里，另一名炊事员问："你咋敢给厅长送馍哩？"那名炊事员说："怕啥哩？在交校时，厅长经常排在教工队伍里吃饭，还说要把交校办好。"

批斗会如火如荼，无休无止。胡景铎站在台子上，低着头，脖子上挂着一个写着"残渣余孽""降兵败将"等词句的大木牌子，大木牌子把脖子和腰都吊得弯弯的，双手下垂，贴着裤缝。一名造反派问："你是不是说过'一棵小树苗不是一棵参天大树'的话？"胡景铎答："是，说过。"造反派继续问："你为什么说这话？你说这话是什么意思？"胡景铎答："这是毛主席讲的唯物主义辩证法，一棵小树苗不经过成长就不会成为一棵参天大树，就是说要经过成长、锻炼，我说的话是'一棵小树苗不是一棵参天大树，要成为参天大树必须经过成长'。"造反派继续问：

"你老实回答，你说这话的居心何在？"胡景铎答："我没有啥居心，就是讲辩证法。"造反派怒斥道："你讲毛主席的唯物主义辩证法？你还自比毛主席？你在交通系统大会小会都讲话，你爱讲，你能讲，你背了一些毛主席的话你就是无产阶级啦?! 你这个国民党的残渣余孽从头到尾都伪装得严严实实的。毛主席说：'谁是我们的敌人，谁是我们的朋友？这个问题是革命的首要问题。'毛主席指出：'教条主义容易装出马克思主义的面孔，吓唬工农干部，把他们俘虏起来，充作自己的佣人，而工农干部不易识破他们；也可以吓唬天真烂漫的青年，把他们充当俘虏。'你说'一棵小树苗不是一棵参天大树'，你这是在公然污蔑革命小将。革命小将都是革命的力量，不是温室的花朵。你这是在疯狂反扑革命政权，是典型的教条主义，是骨子里的反革命！你内心阴暗，居心恶毒，必须老老实实向革命群众坦白交代……"胡景铎的头弯得更低了。

家是能够喘一口气的地方。晚上回到家，胡景铎对张颖玲说："我是毛主席的兵，说我是共产党的叛徒，这是有些人对我不了解，我没啥说；说我是国民党的叛徒，这是真的。"张颖玲坐在那里抹着眼泪。

胡景铎到泾阳县杨梧镇五七干校学习劳动。泾阳县是关中平原的白菜心心，位于杨梧镇的五七干校有一片平整的田地，还有一个果园和一块西瓜地，干校里面还办有榨油坊、酿醋坊、磨面坊等作坊和商店。在农村的广阔天地里，

胡景铎积极学习，积极劳动，积极改造自己的主观世界。

夏天到了，胡景铎和另一位学员陆书记被安排住到瓜庵子里，照管果园和西瓜地。胡景铎是干校里面最活跃的分子，陆书记是干校里面最少言语的一个。胡景铎高瘦，陆书记矮胖，比胡景铎年长好几岁。劳动间隙，大家总爱聚拢到瓜庵子前，听胡景铎唱上一段秦腔戏，一天的劳动就一点也不觉得累了。

这天傍晚，大家又围在瓜庵子前听胡景铎唱他最拿手的《智取威虎山》：

　　穿林海跨雪原气冲霄汉，抒豪情寄壮志面对群山。愿红旗五洲四海齐招展，哪怕是火海刀山也扑向前。

胡景铎左手叉腰，右拳高举，迈着台步，亮着架势，还有一名学员扶着锄把，拿着瓦片在击节打拍。有两辆自行车骑到瓜庵子前、人群外，骑自行车的是一男一女两名年轻人，从男青年的自行车后座上跳下来的是陆书记，三个人也跟上大家围在那里看胡景铎唱戏。胡景铎高声唱：

　　我恨不得急令飞雪化春水，迎来春色换人间。党给我智慧给我胆，千难万险只等闲。为剿匪先把土匪扮，似尖刀插进威虎山。誓把座山雕埋葬在山涧，壮

志撼山岳雄心震深渊。待等到与战友会师百鸡宴，捣匪巢定叫他地覆天翻。

胡景铎唱完。大家热烈鼓掌，纷纷叫好——"好！""唱得好！""再来一段！""大把式！"那两名男女青年同样热烈鼓掌。那名男青年也忍不住大声喊道："好！"胡景铎抱着拳躬身谢场，看见陆书记和两名年轻人站在一起，说："陆书记，你还给咱带回来两名年轻同志？"陆书记说："唉，今儿多亏这俩年轻人，不然我都回不来了，先喝口水，喝口水。"说着话，陆书记朝瓜庵子里面奔去。胡景铎伸手拦住陆书记，说："陆书记，啥情况嘛？甭急着倒水，这瓜庵子是咱两个人的阵地，倒水这事还能劳书记大驾？"众人呵呵笑着。陆书记看看大家，又看向那两名年轻人，说："嗨！我是火车坐过了头，一下车，两眼一抹黑，咋办呀？刚好遇到他两个，就轮着把我带回来啦，几十里路，我这——你看——还是个大胖子，又不会骑自行车……"陆书记说着话也不好意思地笑了起来。大家都笑了起来。胡景铎说："哦！这是大事情，这好几十里路哩，喝一口水咋能行？请客！必须请客！陆书记你在咱杨梧干校是工资最高的，今儿你请客，好好感谢两位年轻同志，大家都作陪，吃大户，我老六一会儿再给唱上一段。"众人爆发出一阵叫好声，簇拥着胡景铎和陆书记、两名男女青年一起向干校生活区走去。胡景铎一手拉着男

青年，一名女干部一手拉着女青年，两辆自行车就静静地停放在瓜庵子前。

一排宿舍前摆起七八张或高或低的木桌子，每张桌子前围着十来个人，有坐有站，每张桌子上都摆着四样——一瓶白酒、一包点心、一包麻饼、一包瓜子和一些洋瓷缸子，每个人都在高高兴兴地吃着喝着说笑着。一张桌子前，一名女干部左手拿着一个装着白糖的瓶子，右手拿着一把勺子在给那名女青年面前的洋瓷缸子放白糖，另一名女干部提着一个竹笼电壶①走过来。另一张桌子前，胡景铎和陆书记、那名男青年等人端起洋瓷缸子在喝酒。

那一天请客喝酒之后，陆书记开始言也多语也多起来，在胡景铎唱戏的时候，还抢着过来扶杖击节，竟然有板有眼，一丝不乱。大家一边看戏，一边看打拍子，劳动一天，再没有比这更好的享受了。

又是一天开始了，学员们挥动锄头给豆子除草。胡景铎和陆书记并肩劳动，胡景铎的锄头在五行豆苗间准确落下，陆书记的锄头在四行豆苗间依次落下。陆书记说："老六，你这地主家的少爷比我这红小鬼还锄得快！"胡景铎说："陆书记，这你就不知道啦，我是出身地主家庭，但我不是少爷。"陆书记有些疑惑，说："你不是少爷？那你还能是相公娃？要不——你就是个地主老爷？"胡景铎故

---

① 即外壳是竹篾编织的保温瓶。

作摇头晃脑状:"诚哉斯言,我本是老爷,乃六大人。"陆书记停下手中的锄头,哈哈大笑,笑弯了腰,又直起身,伸出一只手指着胡景铎说:"好你个老六,一天不批判你的封建思想都不行!好好劳动改造!你看咱都落后了!"田野里,锄头一下一下挥起落下,有的落后有的领先。

在干校学习劳动一年多后,胡景铎被派回工作岗位。干校给胡景铎写下了一份学员鉴定表,陆书记拿在手中仔细阅读。一边,胡景铎在收拾行李。鉴定表写道:

胡景铎同志一九七〇年一月到干校两年多来,能够积极读马列的书,读毛主席的著作。在学习讨论当中发言踊跃,能够暴露自己的思想,联系实际,提高三大觉悟。在接受审查中态度端正。对群众批评能正确对待,对同志直率诚恳,平易近人。能积极参加力所能及的劳动,并在劳动中改造自己的世界观。希望胡景铎同志在今后继续保持和发扬自己的优点。继续进一步读马列和毛主席著作,不断提高阶级斗争、路线斗争和在无产阶级专政条件下继续革命的觉悟,在工作中注意做过细的工作。在新的岗位上,为革命做出新贡献。

读完鉴定表,陆书记说:"老六,这份学员鉴定表写得实事求是,对你提出了鼓励和希望,你到了新的岗位上

一定要好好干！一定要做出新贡献！你还年轻着哩，今年五十几啦？"胡景铎回答："报告陆书记，属虎的，五十八。"

一九七二年秋，胡景铎回到工作岗位上，担任交通厅顾问。顾问顾问，就要顾得住、问得着，就要走在前、干在前、说在前。在商洛地区运输公司的大食堂里，胡景铎主持召开了全省交通运输企业（修理厂）管理现场经验交流会，会议结束那一天，他作了总结讲话，参加会议的三百多人没有一个人请假。胡景铎坐在主席台讲话，他说：

实践证明，"精神可以代替物质""政治可以冲击一切"都是错误的。我们必须坚持毛主席指出的"政治和经济的统一""政治和技术的统一"的科学的、正确的、已经被实践证明了的观点，干什么事情都不能搞极左那一套。极左那一套，就好比你把眼睛贴在挡风玻璃上开车，你的腔子都压在方向盘上啦，你不把车开到沟里去都不行！只有姿势端正、聚精会神，两只手掌握好方向盘，腰背好好地靠在靠背上，两个脚踩好离合器、刹车跟油门，这样你才能开好车，不开到沟里去。

"胡厅长出来工作啦！""胡厅长讲话哩！""走！赶紧听走！"大食堂外，干部职工们纷纷赶来，走进会场，站在那里听，家属也赶了过来，大食堂的炊事员也解下围裙

挤了过来，有的就趴在打开了的窗户上。太阳在东边的山上越爬越高，大食堂里外的人也越来越多。

胡景铎走到参会同志中间，边走边讲：

我说的什么意思？就是你要灵活运用马列主义毛泽东思想。首先是理想信念坚定，二是要坚持实事求是，三是要坚持群众路线，四是要坚持批评和自我批评，基本的就是这四条——一个坚定，三个坚持。拿开车来说，理想信念坚定就是姿势端正、聚精会神，时刻保持警醒，时刻集中注意力，眼睛要一眨不眨。坚持实事求是就是左右手把握好方向盘，不能啥时候都是朝左打，也不能啥时候都是朝右打，要顺着正确的道路走。正确的道路就是客观实践的发展规律，就是左右手配合把握好方向盘的行驶轨迹。坚持群众路线就是开车一定要把自己的腰和背在靠背上靠好、靠结实。你不要靠背你试一下能不能把车开走？靠背一秒钟也离不了！人民群众就是我们的靠背，依靠好了才能发出力量。但是，我们一些人总是以为自己比人民群众强，就像看不见靠背一样看不见人民群众，就是看见了也看不起人民群众。你看不见人民群众，你看不起人民群众，实在是危险得很哪！因为你迟早要把车开到沟里去。怎样坚持群众路线？一个是我们自己不要高高在上，我们自己就学习、工

作、生活在人民群众中间，没有什么高人一头、大人一膀的；再一个，要以群众为师，拜工人为师，拜农民为师，用毛主席的话说，就是我们只有先做群众的学生，才能再做群众的先生。坚持批评和自我批评就好比是自己的两个脚，要随时修正你的离合器、刹车和油门，你不修正，你老是把脚踩到油箱里头，你能是一名合格的司机？你是老正确还是老偶头？

大食堂里外都是人，有大人，有放学回来的孩子，都自觉地保持安静，都支起耳朵在仔细地听。人越来越多，越来越多，还有更多的人从四面八方涌过来。太阳已经跑到了南边的天上，几朵白云就挂在太阳下面。

胡景铎的讲话从大食堂里面传了出来：

技术革新、技术革命永远是发展生产、提高生产水平的主动力，是人类改造世界、提高自己的最根本的因素，任何经济事业只有循着它前进，才能从根本上改变落后面貌。对此，我们的各级领导干部，只能促进，不能促退！

太阳移到西边的天上，太阳下面的大山绚烂多姿，大山里盘旋起伏的公路上，一辆辆满载的汽车稳稳当当地行驶向前。

秦岭山区 210 国道上的货运车辆

　　胡景铎一口气讲了六个多小时。他回到工作岗位上，干部职工、家属娃娃都高兴。

　　自从参加工作，张颖玲就在基层，已经轮换了好几个岗位，有售票员、统计员、调度、管理员、服务员等，工资始终是最低的——三十七块五。她不是没有涨工资的机会，而是胡景铎说啦——"你跟大家争啥哩？"她的工资也就从来没涨过。胡景铎是高级干部，每个月领

二百二十块钱工资，交给张颖玲九十块钱，交给胡希仲三十块钱，剩下的一百块钱先买三条烟、两箱酒，然后就花完了、吃完了。他爱下基层，爱和干部群众在一搭里，到了饭时就叫上大家一起去吃羊肉泡、葫芦头，钱肯定是他掏。他说："部队上有一个条例规定，只有上级给下级付钱，没有下级给上级付钱的道理！"兜里的钱花完啦，手也就吊下啦。要吃饭，要看电影，他就磨着张颖玲去，张颖玲不去不行，人家说得有道理么——"看电影你不看？""吃羊肉泡你不吃？"去了，回回去了回回掏钱。交通厅上上下下都知道了张颖玲是家里的财神爷。两个人有五个孩子，两个哥哥、三个妹妹。孩子上学、住校、吃饭等都是张颖玲的事，胡景铎总是问一下成绩，讲一下"人一定要有学识"，"人是一部完美的机器"，"一支步枪本身是没有阶级性的"等道理。孩子们都喜欢听胡景铎讲道理，邻家的孩子也都跑过来听，也都喜欢他。因为他反对打骂孩子，张颖玲要打骂孩子，他坚决阻挡，明确反对。邻家不管是谁打骂孩子，那家孩子肯定大喊"胡伯伯"，"胡伯伯"马上从天而降讲道理，讲"毛主席说的，不准打他的兵"，讲"孩子都是毛主席的兵"，还成天拿张颖玲打比喻说："你看我老婆子就不学习。"

从来都是讲几句道理的胡景铎还是晚上坐在办公室给大女儿写了一封长信。

梅梅：

你最近的信我看了。关于你入党的问题，我提出如下的看法和做法：入党是一个很重要的政治生命问题，要重视，而且观念要"纯"，"立党为公"，不是什么简单的个人荣誉问题。从这一点上说，我们家的孩子不够党员条件而入不了党，确实是一个遗憾！我到现在认为你是一个好孩子，可以培养为铁梅①式的女儿。但你千万不要骄傲，我是说，要时刻用模范人物的标准来检验自己，向他们学习。在这一点上你是有希望入党的。

我的弟兄辈，有革命前辈，如胡景翼，那确实是在旧民主革命直到新民主革命（衡量的标准是三大政策"联俄、联共、扶助农工"）的倡导者与实行者，是孙中山先生的忠实信徒。当然他所处的时代也只能那样，他一九二五年就逝世了。我一九四六年到延安时，延安组织上还在大街上写有"向胡笠僧先生学习"的标语。我党有许多领导同志，如邓小平同志、徐向前同志，都在他的部队中工作过（邓在国民军史可轩师做政治主任，徐在国民二军学生大队当领导），组织上都可以去函向其调查，目前在甘肃的

---

① 铁梅，即李铁梅，是经典革命现代戏剧《红灯记》中的人物，祖母和父亲被日寇杀害，她机智勇敢，最后把密电码交给了游击队。

王世泰等人也知道。他至少是我党的好朋友，因为在他生前部队中和防区内是支持我党的工运、农运，在他的部队中有我党的政工人员，在当时中国军队中是独有的（见斯诺夫人所写《续西行漫记·徐向前同志传》）。我的二哥胡景瑗，是我党的朋友，在早期八一起义前后和贺龙同志有深厚的交情，"双十二"事变后，八路军一二○师进驻富平，是他大力支持。他五九年逝世，生前是陕西省政协委员。我的三哥胡景铨，一九二六年前做过国民军的旅长，此后再未在正规军做过事情，回到家，杨虎城曾委任他做过富平、同官、耀县三县民团总指挥。就在那时，由他的部下镇压过我在富平一带活动的抗日武装，后来经杨虎城指示富平县长，同我四哥胡景宏（也是一个旧军官，已去世六年了）将我捕捉，捆送西安。杨虎城当时释放了我，叫我读书，不要暴动。我三哥在家乡买了许多地，成为地主。不过他从一九三二年后，也再未当官。以上都是一九三二年前的事。

夜已深沉。胡景铎一边思考，一边写信，房顶正中的那盏电灯一直没有打开，办公室里就亮着一盏台灯。胡景铎的办公室不大，略显拥挤，办公桌右侧就挨着南边的窗子，办公桌前面就是靠着东边墙壁的一个书柜，书柜旁边是一张三人沙发，沙发对面靠着西边墙壁是一张单人床，

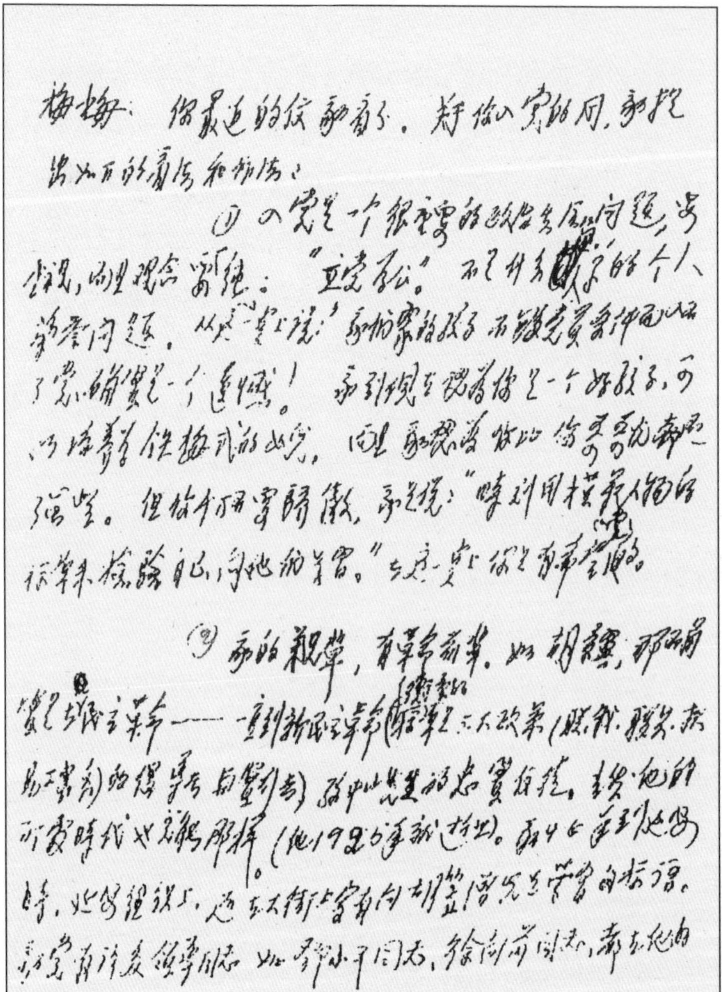

胡景铎写给女儿的亲笔信（之一）

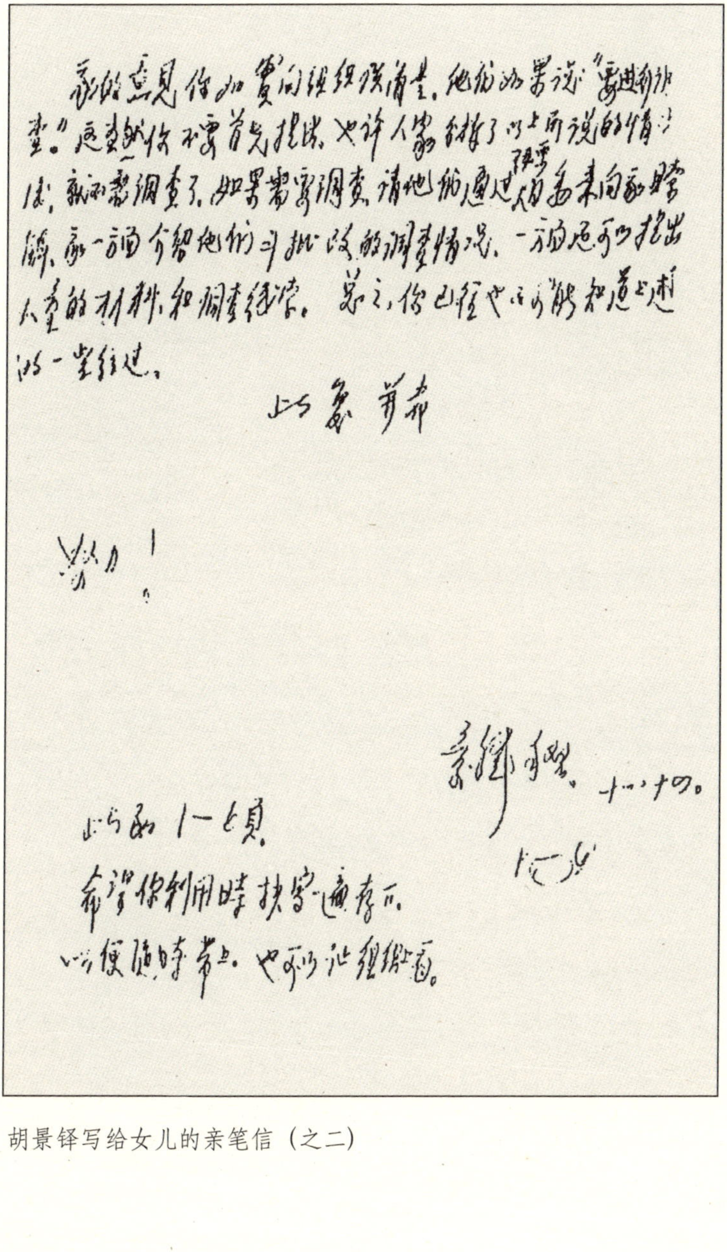

我的意见你如实向组织谈清楚。他们如果说"需要调查"，这点就你不要首先提出。也许人家掌握了以上所说的情况，就不需调查了。如果需要调查，请他们通过陕西省人事局来向我了解，我一方面介绍他们可找的调查情况，一方面还可以提出人证的材料和调查线索。总之，你也经过些，就能知道这些的一些经过。

此复 并希

努力！

景铎 手启 十一.十四。

[illegible]

此函 1—7页

希望你利用暇时抄写一遍存下，以便随时带上，也可以让组织看。

胡景铎写给女儿的亲笔信（之二）

单人床和沙发中间是一个茶几，还有一个洗脸架子就在床头靠着北边的墙壁，一进门就是，书柜里摆满了书，办公桌上堆着两摞书和文件资料，单人床靠墙的一溜儿也堆着一摞一摞的书和文件资料。胡景铎站起身，走到洗脸架子前洗把脸，又坐回到办公桌前继续写信。

　　我的五哥胡景通，曾在陕北邓宝珊部二十二军当过师长、副军长，兼陕北保安指挥官。一九四六年搞兵变（事前有我党指示，部队中也发展和潜伏着许多党员），是中央决定的，伟大领袖毛主席批准的，对我五哥来说，是要直接打垮他的。一九四七年后，他就是因那次我们的胜利、他的失败而遭到蒋介石的处分，免了职，调到南京住闲。以后在蒋介石退出大陆之前被释放，回到绥远，带上他的残部参加了绥远起义。我原先（一九四五年前）未和他在一起，是一九四五年经邓宝珊和高桂滋商量同意，把我从十七军调到邓所部，当时带了一千多人的我的旧部和新兵，到陕北当了他的副手（那确实是因为我们和我党有联系，为师长徐子仁发现，我当时任团长，在那里待不下去了，军长高桂滋当时靠近民盟，采取折中态度，加上他是我大哥的老部下，也留些人情，因之这样办了）。

　　我一九三二年离开家乡后，基本上在外活动，

一九三五年才经咱们党内同志，如杨明轩、刘秉麟（杨生前是全国人大常委会副委员长，一九六七年去世，刘现在山东省委），屡次鼓动我利用我大哥胡景翼的关系，找他的旧部下，打入军队掌握武装。那时能抓到一连武装也是不得了的事情，我不到三年就抓了一个独立营，一九四一年底已成了一个团。所以我党同志一直很重视这支队伍，我们也派人到延安抗大学习。我一九四六年搞兵变（那实际上是党领导的，不过对外不那样讲，叫起义），部队兵变成功后，即由中央决定开到延安，一九四六年十二月（在兵变后两个月），受中央首长的亲临教育。胡宗南匪帮进攻陕甘宁，这支部队一直参战到底，也是一支很能打仗的部队，攻兰州时担任沈家岭、狗娃山的主攻。这些就是我的家庭兄弟辈的情况。

我在学生时代，即在党的教育下在党外做革命活动。我是一九四六年经西北局报中央政治局，后经伟大领袖毛主席批准，以无候补期从当年七月起为中共正式党员，并领导在我部队当中有近百名的地下党员进行兵变准备工作，并于当年十月十三日接受党中央指示，举行兵变的。我常常也说我是党的儿子，劳动人民的儿子。有的同志不了解我的经历时说："你不是工农出身。"我开玩笑说："我是党代劳动人民收下的干儿子。"这是我的大半生经历决定了的。上述无

点滴假话。

　　我十六岁以后，已背叛了我的家庭。我和家庭已无关系。土改时，我连应得的房子和土地都未要，因为我已是一个高级干部，生活并无问题。你和你妈，你哥哥、妹妹们，根本就未回到家中生活，都是党和人民政府养活大的。当然你们以往要填表，无法写这些。我过去也不常向你们说这些。但是我在你入党这个政治生活的关键问题上，我要为你们负责。我的意见，如果你们表现不好，党性不高，基本上不符合党员条件，那我绝不想叫你勉强入党，因为我要向党、向人民负责；反过来说，因为家庭的关系影响，那我一方面要尽量将问题说明，同时也要帮助你们用辩证的、历史的观点看问题。何况我们党向来是主张"有成分论，不唯成分论，重在表现"的一条原则。

　　我在"文化大革命"中，也曾受过冲击，事后在干校学习，前后经过群众组织、干校的审查以及最后中共陕西省委"斗、批、改专案（组）"复查了一年半，于去年（一九七三年）十一月间正式通知我，"经审查，全部否定了调查的问题'"，不作新的结论，又正式写了调查报告，同意原来军委和原西北军区所做的结论：由学生时代即倾向革命，在旧军队工作是为响应抗日和为我党工作而去，未参加过任何反共活

动，属地下入党。因之你以后填表时不要写我是旧军官，而是革命军人。

上述这些问题，我的意见，你如实向组织谈清楚。他们如果说要进行调查，这当然你不要首先提出，也许人家分析了以上所说的情况后就不需调查了，如果需要调查，请他们通过陕西省委来向我了解，我一方面介绍他们斗批改的调查情况，一方面还可以提出大量的材料和调查的线索。总之，你以往也不可能知道上述的一些经过。

此复并希

努力！

景铎手启

十一月十四日

大女儿是幸福的，她在人民军队光荣地加入了中国共产党，而父亲的这封长信也成为兄妹中间最令人羡慕的成长记忆。

在顾问岗位上，胡景铎提议在西安建设一个有一定规模的综合性客运站，得到批准后，又毛遂自荐担任了筹建领导小组组长，这是一个困难多、头绪多的工作任务。西安汽车站筹建领导小组的同志坐到了一起，都是满面愁容，一言不发。胡景铎给大家讲话："咱们都是交通战线上的老同志，西安现在有八九个汽车站，但没有一个像样

的，旅客出个长途、坐个火车，要大车倒小车，小车倒大车，来回地倒，时间都用在了倒车上。解放都二十多年了，我到交通厅也整整二十年，我作为领导——过去是副厅长，现在是顾问——对不起陕西父老！你们都是老交通，我想你们的心情和我一样，很内疚！现在好不容易开始建个像样的汽车站，难免遇到这样那样的难题，有的同志有情绪，畏难，可以理解，这些问题确实难以解决。干工作没有困难，没有问题，那才叫奇怪。有问题，我和你们一起来解决。别忘了，我们是为人民服务的，把这个汽车站建好，就是为人民做了一件好事，为陕西父老做了一件好事。人的一生能为人民做一件好事，那就是最痛快的事。我说的是不是？"筹建领导小组的全体人员齐声回答："是！"胡景铎接着说道："既然是好事，就决心干到底！车站建不好，谁也不能走，谁走，谁就是逃兵！希望大家安下心来，把站建好。车站建不好，谁也不能当逃兵！""谁也不能当逃兵！"这句话成为参加西安汽车站建设工作的干部职工的座右铭。

建站工作需要的木料得从四川运回来，来回得翻越秦岭，天晴还好，遇到雨雪就堵个有长没短，汽车看汽车，司机看司机。有两名司机趴在路边的石头上伸出舌头喝着流下来的山泉水。旁边一名司机说："来回两千公里，遇上个堵车，嘿，靠的就是咱这石头上的水啦。"一名司机说："喝一口顶一顿，不能多吃多占，给阶级弟兄都留

一些。"一名司机说:"汽车站不知道啥时候能盖好?"一名司机说:"胡厅长当的领导小组的组长,还能盖不好?"一名司机说:"只要胡厅长带着咱干,就是掉十斤肉我也愿意,两天不吃算个啥!"一名司机说:"'谁也不能当逃兵!'胡厅长的话带劲!谁要是当逃兵就收拾谁!"

在西安城墙北段的解放门,西安汽车站建设日夜施工,车来人往,机械轰鸣,大家都在热火朝天地奋战着。胡景铎带领筹建领导小组的同志在工地上察看施工情况。看着眼前的奋战景象,胡景铎说:"大家看,这就是建设的交响乐!我们都是共产党员,党叫干啥就干啥,不讲价钱。不建好这个汽车站誓不罢休!"

夜晚,胡景铎回到家中,他一边关上房门一边对妻子张颖玲说:"明儿炖些肉,好好吃一顿!"他每天早出晚归,说不累那是假的。他想吃肉,想好好吃一顿,享受一下。张颖玲坐在一个小板凳上在洗脚,头也没抬说:"炖就炖些,我还能跟上沾些光,明儿下班了就去割一斤,拿回来给你炖好,你那酒还有几瓶子哩。"

第二天,晨曦初露,胡景铎走出家门去上班,张颖玲跟在身后也去上班。走出交通厅家属区,胡景铎朝交通厅机关走去,张颖玲朝街道上走去。

在交通厅办公楼一楼,胡景铎走过长长的楼道,走到自己的办公室前,掏出钥匙打开门,走了进去。

在街头,张颖玲登上一辆公交车,公交车向前驶去。

张颖玲站在车厢里，看着一晃而过的街市和街市上一晃而过的人们。

晚上，肉炖好了，胡景铎没有回来，没有回来就没有回来。中午上班，张颖玲听说延安发了洪水，厅里面已经派人上去啦。人没回来，不知道坐着哪一趟车上去救灾啦。哪一回走的时候还顾得上给家里头打个招呼？

第二天，没有消息。有从延安回来的同志说没有见胡厅长，也没听说胡厅长到延安啦。一家人慌了，交通厅的干部职工也慌了。找！四处找不到！又到交通厅机关找，又敲办公室的门，没有动静。跑到办公楼外面从窗子玻璃上看，胡景铎趴在办公桌上。办公室的门撬开了，胡景铎一个手里拿着药瓶瓶，一个手里拿着瓶盖盖，头枕在胳膊上。他有高血压。

花圈摆满了交通厅办公楼的一楼，摆到二楼，又摆到三楼。交通系统的干部职工从陕北、陕南以及关中各地纷纷赶来，送老厅长最后一程。骑六师的老战友、老部下都来了，向老师长敬最后一个军礼。

开追悼会那一天，在绥德交通局工作的夏长庚一路赶来，但还是没有赶上，扑通一声跪在追悼大会场外的台阶下，号啕痛哭，谁也拉不起来。在夏长庚的哭诉中，大家知道了一件往事。胡景铎到绥德下乡，得知夏长庚处了一个对象，就命令夏长庚带着他去看一下把把关。见了人后，胡景铎非常高兴，把手上戴的手表摘下来，交给夏长

庚："把这作为给你对象的订婚礼物吧！"

一九七七年七月，胡景铎病逝，悼词中称赞他是"中国共产党的好党员"。

胡景铎病逝后，来了许多人，吃了三百多斤粮票，老部下许秀岐买的粮票，结了账。

这年夏天，正在河南洛阳休养的习仲勋得知胡景铎病逝，沉默良久，说："我知道他年轻的时候就有高血压，劝过多少回，不注意！"自从一九六二年被康生等人扣上莫须有的"小说《刘志丹》事件"后，习仲勋已经蒙冤受屈十五年过去，其时解除了监护，休息养病。

一九八〇年一月，中共陕西省委审干领导小组下发了《关于为胡景铎平反的决定》。《决定》指出："解放战争初

陕西省西安汽车站（客运）

期，在敌强我弱的不利形势下，胡景铎同志于一九四六年七月一日被光荣地接收为中共党员，随即于同年十月在榆林率部起义，受到伟大领袖毛泽东主席和周恩来副主席、朱德总司令的亲切接见，为中国人民的解放事业做出了自己的贡献，是几十年如一日地为党努力工作的好党员、好干部。"

在胡景铎病逝六年后的一九八三年，西安汽车站建成并投入运营，是全国首家站车分离、独立设站、独立核算、面向全行业开放的服务型汽车站。

九、修　桥

一九七九年春，张颖玲回到波罗堡。

那一天，春暖花开，晴空万里，一座崭新的大桥横跨在无定河上。

波罗堡内大操场上，彩旗飘飘，人山人海，许多人都是四个衣兜、插着钢笔的干部装束，和裹着羊皮袄的乡亲们挤在一起抽着烟、说着话、拉着手，或站，或坐，或蹲，或走。波罗大桥竣工大会即将开始。大会主席台朝南，上方悬挂着大大的红纸黑字的会标——戊午年春波罗大桥竣工大会。

主席台正中竖立着一个话筒。一名干部拿着稿子走到话筒前讲话：

各位领导、各位来宾，同志们、乡亲们：

千百年来，波罗堡渡口一直没有一座桥，过河难，难过河，无定河涨水靠船，无定河没水靠腿。波罗渡口什么时候能有一座桥，是波罗人的心愿，是

无定河两岸人的心愿，更是牵挂波罗的每一个人的心愿。今天，历时三年紧张施工的波罗大桥胜利竣工啦！

会场外传来一阵惊天动地的爆竹声。

主席台下是人头攒动的干部群众，大家簇拥在一起，热烈鼓掌，喜笑颜开。张颖玲就坐在人群里鼓着掌，她的左边坐着李振华的爱人闫玉儒，右边坐着房东梁大嫂，在张颖玲和闫玉儒、梁大嫂的身边还围着好几名女同志，有的抱着孩子，有的就一直瞅着张颖玲。旁边，胡希仲、李振华、姚绍文、范止英、张亚雄、魏茂臣、杨汉三、秦悦文、吴凤德、李振英、郑崇源、许秀岐、萧景寿、黄福禄、张金生、夏长庚等人就挤在人群里面，每个人的身边也都围着波罗堡的干部和群众、大人和小孩。

主席台上，那名干部在继续讲话：

七六年春，波罗大桥开始动工兴建。三年来，共开炸河槽长五百余米，宽近五十米，爆破用硝铵七百余吨，日投入人工不少于三百五十人，大会战投入人工一千二百余人，投入材料资金一百一十五万元……

主席台下，梁大嫂紧紧拉着张颖玲的手。

春天，阳光明媚。波罗堡外，无定河畔，高大英武的陕北保安指挥部副指挥官胡景铎抱着不到半岁的孩子在幸福地向前走去，后边，紧紧跟随着年轻美丽、娇小玲珑的爱人张颖玲。柔软的沙地上留下两行清晰的足迹，一行是大大的足迹，一行是稍小一点的足迹。

波罗堡外，无定河上，一座大桥正在修建中，成百上千的人在紧张地忙碌着，有组织协调的，有察看技术质量的，有砌石的，有运料的，各负其责，热火朝天。

主席台上，一名主持现场捐款的干部站在话筒前宣布——"张颖玲同志代表胡景铎同志捐款两千一百零二块四毛钱。"现场安静了，台上台下的目光都看向主席台靠里面一点的捐款登记桌。捐款登记桌前，一名干部在登记簿上拿笔书写着，一名干部在数着钱，张颖玲就站立在那里。主持捐款的干部走到张颖玲面前，低声同张颖玲说着什么，张颖玲点了点头，走向话筒。张颖玲走到话筒前，站定身子，主持捐款的干部把话筒朝低调了调。张颖玲看着台下，张了张口，没有说出话来，想了一下，终于对着话筒大声说道："这些钱，是我代表胡老六捐的。这是他去世后，厅里的干部给我拿来了两千元的一张支票，说是在他办公室里头发现的，是给他补发的工资，他就是这一笔钱还没来得及给我上交，人就走啦。"台下，闫玉儒、梁大嫂等几名妇女同志在低声抽咽着，萧景寿和黄福禄、张金生三名老警卫员脸上的泪水已经抹也抹不去，擦

也擦不掉，胡希仲、李振华、姚绍文、范止英、张亚雄、魏茂臣、杨汉三、秦悦文、吴凤德、李振英、郑崇源、夏长庚、许秀岐等人的眼睛里都是泪水，夏长庚已经抱着头在地上低声哭泣。张颖玲继续大声说："他穷，一辈子穷，有多少花多少，花完了不管你明天的事。都知道我是财神爷。我今天就给他做主啦，这些钱——修桥啦！"

　　清晨，波罗堡外，无定河上，一座新砌的大桥沐浴在朝阳下，雄伟壮观，分外抢眼。大桥上，有徒步过桥的人，有骑着自行车过桥的人，有开着手扶拖拉机过桥的人，有开着卡车过桥的人，还有赶着羊群过桥的人，川流不息，熙熙攘攘。

波罗大桥

波罗堡外无定河两岸的田野池塘

　　波罗大桥竣工大会现场，大操场的南边，一座高高的戏台上正在演出秦腔戏《九龙山》，那是胡景铎的拿手戏，也是来宾们和乡亲们最熟悉的一出戏。岳元帅高声唱："今日大战杨再兴，我要收他抗金邦。沥泉枪、滚金枪，不知谁弱谁更强……"

　　就在大操场上，陕北保安指挥部所属官兵都坐在地上，眼睛紧紧地盯着在前面走起台步、亮开架势唱戏的副指挥官胡景铎。胡景铎正在高声唱："杨家世代出良将，名不虚传天下扬。九龙山前传将令，大小三军列阵仗。本帅阵前去会他，无论胜败莫相帮。尔等观望不要忘，违令者要斩首严整纪纲！"唱到这里，胡景铎开始念道白："呔！三军们！"官兵们齐声回答："在！"胡景铎接着念道白："抬枪带马，大战杨再兴去者！"官兵们群情激昂、

齐声大喊："是！"

庄里镇外，石川河畔，一身戎装的胡景铎正在高声唱："今日大战杨再兴，我要收他抗金邦。沥泉枪、滚金枪，不知谁弱谁更强。杨家世代出良将，名不虚传天下扬。九龙山前传将令，大小三军列阵仗……"

张颖玲看得如痴如醉，听得迷迷糊糊。

那一天两位作者告辞离开时，胡老太张颖玲坚持相送，走到楼下。午后的太阳很热，很耀眼。胡老太张颖玲站在楼门洞前说："我娃你来么，有时间就来。"那名一直静静地看书的女同志搀扶在一边。两位作者说："奶奶留步！留步！"胡老太张颖玲说："走到药王洞就问'胡老太'，他就都知道，我名气大哩很，门房就让把车开进来啦。"两位作者说："奶奶您回，您回。"两位作者向外走去，走了百十米，转身回望，胡老太张颖玲就站立在那里。

骄阳似火，大地明亮。

石川河畔，胡景铎和张颖玲并辔而行，向前，向前。

药王山上，胡景铎和张颖玲勒马远眺，天是蓝天，云是白云，风是清风，清风就在耳畔，吹拂起了黑发，也吹拂进了心田。

庄里镇内，胡景铎从不远处走了过来，大步直行。

黄土高原上，西北民主联军骑兵第六师全体指战员精神抖擞，高举"向毛主席朱总司令致敬"的大门旗，迈着

整齐有力的步伐向延安行进，胡景铎就走在队伍最前面，就走在战友们中间。

二〇一六年八月，胡老太张颖玲在西安逝世，享年九十岁，弥留之际，兀自呢喃着："跟上，跟上……"

历史总在远去……

"几十年如一日地为党努力工作的好党员、好干部"胡景铎和他的爱人张颖玲是两位作者家乡的革命先辈，但是，两位作者在童年和青少年时代均未听说过他们的名字，更遑论其故事。革命先辈有名的很多，无名的更多，有名和无名，无名和有名，方始托起我们头顶璀璨的星空。十数年来，因为工作岗位的原因，两位作者在富平地方近现代历史人物领域坚持走访整理史料并努力形成文字。其间，在二〇一五年前后两年多的时间里实地走访先辈胡景铎的革命足迹，并有幸完成了那一天的采访，这里所呈现的文字正是对先辈往事的追记。

责任编辑：朱云河

装帧设计：汪　莹

责任校对：张彦彬

图书在版编目（CIP）数据

光明大道：胡景铎的传奇人生 / 王小强，王菲　著 . — 北京：
　人民出版社，2024.5
ISBN 978 - 7 - 01 - 026587 - 2

I. ①光… 　II. ①王… ②王… 　III. ①胡景铎（1914—1977）- 传记
　IV. ① K825.2

中国国家版本馆 CIP 数据核字（2024）第 100752 号

光明大道

GUANGMING DADAO

——胡景铎的传奇人生

王小强　王　菲　著

人民出版社 出版发行

（100706　北京市东城区隆福寺街 99 号）

北京华联印刷有限公司印刷　新华书店经销

2024 年 5 月第 1 版　2024 年 5 月北京第 1 次印刷
开本：880 毫米 × 1230 毫米 1/32　印张：8.25
字数：152 千字

ISBN 978 - 7 - 01 - 026587 - 2　定价：78.00 元

邮购地址 100706　北京市东城区隆福寺街 99 号
人民东方图书销售中心　电话（010）65250042　65289539